何志毅教授管理散文集

管理的
中国心

何志毅 著

CHINESE HEART OF MANAGEMENT

北京大学出版社
PEKING UNIVERSITY PRESS

图书在版编目(CIP)数据

管理的中国心：何志毅教授管理散文集/何志毅著. —北京：北京大学出版社，2016.1
ISBN 978-7-301-26242-9

Ⅰ.①管… Ⅱ.①何… Ⅲ.①企业管理–中国–文集 Ⅳ.①F279.23-53

中国版本图书馆CIP数据核字（2015）第207665号

书　　名	管理的中国心——何志毅教授管理散文集 GUANLI DE ZHONGGUOXIN
著作责任者	何志毅 著
策划编辑	叶　楠
责任编辑	叶　楠
标准书号	ISBN 978-7-301-26242-9
出版发行	北京大学出版社
地　　址	北京市海淀区成府路205号　100871
网　　址	http://www.pup.cn
电子信箱	em@pup.cn　QQ：552063295
新浪微博	@北京大学出版社　@北京大学出版社经管图书
电　　话	邮购部 62752015　发行部 62750672　编辑部 62752926
印刷者	北京大学印刷厂
经销者	新华书店
	730毫米×1020毫米　16开本　16印张　200千字 2016年1月第1版　2016年1月第1次印刷
定　　价	44.00元

未经许可，不得以任何方式复制或抄袭本书之部分或全部内容。
版权所有，侵权必究
举报电话：010-62752024　电子信箱：fd@pup.pku.edu.cn
图书如有印装质量问题，请与出版部联系，电话：010-62756370

自序：心之力

有多少人知道，这个题目曾经是一位中专生的作文题目。他的老师给这篇文章打了105分。当时他并不是老师最得意的学生，在老师眼里名列第三。我没有考证这是否为命题作文，但是我现在要求我的各种学生以此为题写一篇作文。

我这本文集的名字叫做《管理的中国心》，把心和力组合一下，有四种：有心有力，有心无力，无心有力，无心无力。一般而言，第一种是强者，第二种是智者，第三种是蛮者，第四种是病者。早年，我们对中国管理的研究无心也无力；后来言必称美国，有力而无心；再后来国学渐热，但是对于如何与管理结合，有心而无力；现在，应该进入有心且有力的状态了。

中国文化独具特色，中国的企业管理在某些行业和某些领域也已经走在了世界前沿，例如以微信为平台的管理、网络营销、高铁管理、航天工程管理、桥梁与隧道工程管理、中国文化为主导的跨国公司管理，等等。过去我们只从管理的艺术性方面研究中国管理，现在无论从管理的艺术性还是科学性方面，中国管理都应该出一些成果了。

前年我在瑞士，就如何培训中国公司的外国骨干雇员的话题拜访华为瑞士公司的副总经理——一位瑞士人。与他交流了不久，他就打断我，问有中国管理的共同模式（Common Style of Chinese Management）吗？他自己回答说:"没有!所以你们不用来教育我们,应该回去教育华为总部的人,那里懂国际化的人很少!"后来我们又拜访了总经理——一位中国人。他认为非常有必要对华为瑞士的外国骨干雇员进行培训,他认为在500人左右的雇员中有30人需要这样的培训。我们也拜访了TCL法国公司和中石化用76亿美元收购的瑞士Addax公司,深深地感觉到,在中国公司的国外子公司里研究和实践如何在中国文化和母公司文化下融合外国雇员,尤其是中高层骨干,已经刻不容缓。因此,中国管理的维度在科学性、艺术性外,还要加一个全球性。

回想起十多年前,我在巴黎对春兰欧洲公司采写案例,春兰欧洲公司总经理十分认真地陪了我一天,临别时我谢谢他,他却说谢谢我。我问他,为什么这么说?他说,我从来没有见过北京大学的教授,没想到在巴黎见到了。这个情景使我认识到中国社会对中国知识分子的尊敬和期许,这也是激励我当知识分子的强大精神动力。

回到三十多年前,我的导师苏东水教授在复旦大学的课堂上问学生:"你们知道谁是管理学之父吗?"学生们回答:"泰勒。"他又问:"谁是管理学之母?"学生无语,他说:"王熙凤。"从那个时候起,他进行了三十多年的中国管理研究,并为中国管理登上世界舞台进行了不懈的努力,我陪他在日本、法国、西班牙、瑞典等地参加国际会议,在中国组织IFSAM（International Federation of Scholarly Associations of Management）的双年大会和单年小会。我第一次陪他出席国际会议是1992年,我想那时老外们可能既听不懂也不大有兴趣听我们讲中国管理,不然你试着翻一翻"以人为本,以德为先,人为为人"?不像那时我们对西方文化、西方管理那么如饥似渴,"To be, or not to be?"不懂也得懂。

回到二十年前,我的导师厉以宁教授在北京大学经济学院经济管理系的基础上，组建了光华管理学院，据说因为当时没有学院被冠名的先例以及这个名字是一个台湾商人组建的基金会的名字，因此一直上报到了国务院的层面，才同意、批准了这项捐赠和这个冠名。"光华管理学院"，多么响亮的名字，多么深刻的寓意！不管它今天做得如何，"北京大学"和"光华"这个名字，就注定了它的历史使命。厉以宁老师的理论和实践，厉以宁老师的精神与人格，厉以宁老师主笔起草的《证券法》《基金法》，厉以宁老师推动的"民营经济三十六条"，厉以宁老师提炼的"团结、博采、实践、创新"的光华院训，潜移默化、润物无声地影响着我们这些学生。

我的两位导师（博士导师、博士后导师）更多的是经济学教授，我的博士论文也属于工业经济学范畴，我的博士后论文则属于教育经济学范畴，而我更认为自己是中国第一代管理学教授。我们的使命不仅是传播西方管理学，更是要建立中国管理的思想和理论体系。我们必须在老师的经济学基础上，搭建管理学的屋子。

我重复一下我十多年来的一贯观点：首先，中国管理学一定会产生。并不是每个国家和民族都可以产生自己的这学那学，例如，国际上有"Sinology"即"汉学"或曰"中国学"，试问以国家或民族为学的还有几个？其次，中国管理学的来源有三个：一是中国传统文化（含儒、释、道、兵、法、墨、侠、医，等等）；二是以毛泽东思想为代表的中国特色管理（含毛泽东、邓小平、刘少奇、林彪，等等）；三是从中国企业中融合的管理实践（如海尔、联想、华为、小米，等等）。

我也重复一下对中国管理形成时间的预测，它会诞生于中国GDP居世界第二到世界第一的过程中。那是从2010年中国GDP超过日本的时点起的十年至二十年之间。

我也再重复一下，我认为中国管理理论会由中国人总结出来，而不像日本管理那样由美国人总结出来。

二十年前我构建了"富、贵、雅"人生三维价值体系，并以此来指导自己的价值选择，决定转型成为学者。十年前我总结了中国管理的"道、法、术、器"体系，沉淀之后现在形成了比较成熟的"心、道、法、术、器"管理体系。五年前，我提炼了创业者培养的"金、木、水、火、土"教育体系。我认为，由此三者构建起自己的一种"学说"已经基本成熟了，当然还需要从内容上和实践中进一步完善。我把这些内容串成一首小诗《语出何典》："人生三昧富贵雅，金木水火土绽花。西取后觉东方韵，心道法术器渐佳。"

本书是近三年来我写的散文式文章的集锦，其中主要是《北大商业评论》的刊首语，以及在不同场合发表的与中国管理和管理教育有关的文章。虽非学术性论文，但都是一些小小的思想火花。行文至此，我自叹自己的水平比当年湖南第一师范学院的那位中专生还差得很远。他的《心之力》开篇写道："宇宙即我心，我心即宇宙。细微至发梢，宏大至天地。世界、宇宙乃至万物皆为思维心力所驱使"；结尾的最后一段是这样写的："故吾辈任重而道远，若能立此大心，聚爱成行，则此荧荧之光必点通天之亮，星星之火必成燎原之势，翻天覆地，扭转乾坤。戒海内贪腐之国贼，惩海外汉奸之子嗣；养万民经济之财富，兴大国农工之格局；开仁武世界之先河，灭魔盗国际之基石；创中华新纪之强国，造国民千秋之富祉；兴神州万代之盛世，开全球永久之太平！也未为不可。"请记住这位当时23岁的中专生的名字：毛泽东！如果你不服，无论你现在什么年龄、什么学历、什么职务、什么阅历，你也写一篇命题作文《心之力》，然后与他的比一比。可以不比别的，仅仅比中文水平就行。

让我们发中国管理之心，聚中国管理之力！以荧荧之光汇通天之亮，让星星之火成燎原之势，则中国管理必促进中国梦的实现而闪耀世界！

2015年12月

目录
Contents

篇一
中国心与中国管理

你有几颗心 / 003

负荷与快乐度矩阵 / 008

家族企业万岁 / 012

熟人社会管理 / 016

高速度的代价 / 019

企业与社会的中国特色 / 023

父债子还的中国式信用 / 028

角色变化的艺术 / 031

与任正非的一席之谈 / 034

心、道、法、术、器 / 039

我心安在 / 043

中国"关系" / 047

篇二
创业与创新

大众创造的大繁荣 / 053

创业者可以培养吗？/ 056

TCL 的凝重三十年 / 059

062 / 咨询者的角色

065 / 洗澡思创新

068 / 闽商的第五次创业

072 / 中国创业梦

075 / 创业的国度

079 / 建设创业生态圈

082 / 美国大片的创新启示

086 / 中国软科学创新

089 / 知一书院缘起

092 / 朱子山水、现代师徒

篇三
信仰的力量

107 / 信仰的力量

113 / 知识分子的杂志情结

118 / 钱学森之问呼唤教育家

121 / 从基尼系数看社会公平

123 / 我是志愿军米粉

127 / 中国梦与美国梦

130 / 中国革命与组织成长

134 / 从井冈山到北京

138 / 四十年后的感恩

142 / 偶像何在

篇四
中国全球化

中国全球化 / 147

在巴黎听习主席演讲 / 153

与费尔普斯同行 / 155

在瑞士的国际化遐想 / 163

大阪对企业家的敬意 / 170

傅高义的邓小平时代 / 174

西方汉学家的中国解读 / 177

感受以色列：危机感 / 180

感受以色列：传统的传承 / 183

香港小店的员工 / 186

篇五
家·国·天下

家·国·天下 / 191

方碑村试验三年记 / 194

经济与文化的平衡 / 197

商人的历史地位 / 200

2012 不是"世界末日" / 204

又见北川 / 207

发树买"药"与"国""民"之争 / 212

"92 派"与"12 派" / 216

220 / 民间企业的法治无奈

223 / 厉以宁老师获终身成就奖有感

225 / 又逢甲午忆当年

232 / 告别2014，中国时代真正到来

235 / 成者思危，忙里偷闲

241 / 后　记

篇一
Part 1

中国心与中国管理

你有几颗心 / 负荷与快乐度矩阵 / 家族企业万岁 / 熟人社会管理 / 高速度的代价 / 企业与社会的中国特色 / 父债子还的中国式信用 / 角色变化的艺术 / 与任正非的一席之谈 / 心、道、法、术、器 / 我心安在 / 中国"关系"

你有几颗心

最近收到福耀玻璃董事长、河仁慈善基金会创始人曹德旺先生寄来的自传书《心若菩提》。在短短的自序中，曹德旺先生写道："记得父亲说过，做事要用心，有多少心就能办多少事，你数一数有多少颗心啊？"少年曹德旺回答："用心、真心、爱心、决心、专心、恒心、耐心、怜悯心……"他掰着手指数的同时，心里却想着一个人能有那么多的心吗？父亲看出他的心思，回答道："当然有。但当你悟到爸爸讲的道理时，爸爸或许已经不在人世了。"现在的曹德旺写道："以后，我的确知道了，随着我事业的发展，我能数出来的心，已经不是一双手能够容得下的了。""我悟到时，父亲已经不在了。"

这一段话深深地打动了我的心。于是我更加明白，曹德旺先生四年多前捐赠价值35.49亿元福耀玻璃股票（现在价值已经超过了50亿元）成立的基金会以他的父亲曹河仁的名字命名，不仅仅是出于一份孝心，更是因为这种慈悲之心源于父亲。

我过去一直以为曹德旺先生是福建省福清县里的草根农民出身，其实他祖父是福清首富，父亲曾经在日本经商，也是上海永安百货的股东之一。他本人是在上海出生的，是那一场"革命"使他回到了福清老家。我想，他身上也遗传了他父亲的经商基因，所以，后来的一场"改革"又使这种基因得以诱发并把他推向了世界。可谓"心心相传"吧。他的哥哥曹德淦官至福建省副省长，可见父母之心的教化力量。

我读《心若菩提》时，就想看看在书中能够找出多少颗"心"来，因此，我就简要地论述一下我数出来的"心"。

一是爱心。1976年，曹德旺刚刚发了一点小财，就在原来小学老师的要求下，捐了2 000多元钱把小学的课桌椅更新了。在那时这笔钱可是一个干部4年的工资、一个工人8年的工资。现在他的爱心已经不用举例了。

二是真心。真心在曹德旺的自序中随处可见，从他最早遇到的农场场长王以晃，到建大坝工地上的营长、教导员，玻璃代理商×××，再到双辽、通辽所在地的政府领导，等等，在他的一生中贯穿着他与人的真心相待，他也因此得到了别人的真心相待，并多次因此而化险为夷。当然，这并不是他真心的动机，而是他的真心得到的天然回报。

三是用心。因为爸爸在曹德旺很小的时候就向他灌输了"心"的道理，所以少年曹德旺虽然并不理解爸爸说的"心"事，但至少是有潜移默化的影响，这就是所谓的教化、熏陶。别的听不懂，做事要用心是很容易听懂的。所以少年曹德旺在种树、数树坑时就比别人用心，因此获得了别人认为他"聪明"的称赞。我认为，这最重要的是使他获得了自信心，因为他在学校读书时因为调皮成绩并不好。一次又一次的用心得到赞扬和回报，使得曹德旺更加用心，于是他看到了汽车玻璃的前景，预见到了2008年金融风暴的来临，判断出美国政府会出手拯救、三大汽车公司的决策，等等。他的高瞻远瞩，他的料事如神，无不是长期用心、连续用心的自然演绎。

四是决心。决心是一种立志，决心是一种境界。胡雪岩当年就说过：有一乡眼光就能做一乡生意，有一省眼光就能做一省生意，有天下眼光就能做天下生意。那时说的天下只是中国，而曹德旺的天下已经是全世界了。也许，这种决心不是一天下的，也不是一天变得那么大的。他帮爸爸"倒卖"

烟丝、水果、白木耳，他卖树苗，他办高山异型玻璃厂，再到后面的一切，如创办河仁慈善基金会，都是一种决心的结果。例如，之所以创办河仁慈善基金会，就是决心要推动《中国慈善基金法》的完善，从只接受规范现金捐赠改为可以接受股票捐赠。遗憾的是，尽管河仁慈善基金会获得国务院一纸"递延缴税"的批文运作了快五年，尽管河仁慈善基金会里坐着好几位国家有关部委的司局长，《中国慈善基金法》的修订还是没有任何动静。但是我相信，这一天一定会到来。而这一切都是由曹德旺先生的决心发动的。在河仁慈善基金会的会议上，我听到曹德旺的亲人抱怨说，"我们都劝他不要去硬碰现有条例，可他说我就是要推动法律的进步"。这就是真正的"决心"！

五是专心。我是教书人，我首先注意到曹德旺专心读书。他初一因为一个大胆的举动退学了，这一点在他的自传中说得一清二楚，这里因篇幅有限解释不清，故隐去。他在初一辍学之后就在放牛与拾柴之余自学，带着《新华字典》和《辞海》。他记得《新华字典》一本8角钱，要割一年马草才攒得够；《辞海》3元钱，要割三年马草才买得起。转眼到了"文化大革命"结束，他如饥似渴地阅读当时出版的中外名著：《唐诗宋词》《三国演义》《红楼梦》《水浒传》《鲁迅文集》《巴金文集》《基督山伯爵》《红与黑》《红字》《钢铁是怎样炼成的》《安娜·卡列尼娜》《变色龙》《呼啸山庄》《根》《欧也妮·葛朗台》，等等。那一年，他还因为做了福州水表厂的生意，而向水表厂会计科的科长——一个"文化大革命"前的会计专业大学毕业生——学习了会计学。他终生专心学习。1985年，一个朋友劝他读《曾国藩》并寄书给他，他两个月读完不明其义，后来又读了两遍，恍然大悟，把一位和尚为曾国藩开的12字药方在办公室里挂了8年。他专注做汽车玻璃生意也受益于看了一本叫做《聚焦法则》的书。他终生专心观"天象"，注意收集分析各种信息预测未来。例如，2007年10月他在《福耀人》第11期上写了一篇《一叶知秋》的文章，预测冬天将要到来。并果断地提前关闭了4条生产线。他只做汽车玻璃的事更是他专心的一种佐证。

六是耐心。他在1986年被人诬告，从县里、市里、省里，一直告到国家信访办和中纪委，他耐心解释、据理力争，终于沉冤得雪。他第一次去美国，不受人待见，但还是耐心地熬完了所有过程。包括因为没有人陪，中午也不知道如何在酒店里吃饭；因为受人冷落，在底特律无处可去，只好耐心地被人领去看福特汽车博物馆，这一看不得了，当时心不在焉，可是在飞机场他豁然开朗，他转述了别人说的"福特博物馆就是美国工业博物馆"，并以此为标杆发现中美两国的差距，他得到了很多启示。

以上六颗心是曹德旺在《心若菩提》开篇时列举的，他说现在他的各种心已经是一双手捧不下了，我也不可能一一找出或者列举得太多。但是我想补充两颗心：细心和童心。

细心。曹德旺看上去像一个"粗人"，有时他似乎也故意要表现为是一个"粗人"，但其实他是一个很细心的人。例如，早年有一次他到访香港，一位似乎与福耀玻璃做边角料生意的商人花重金请他吃饭，吃完还要带他去××夜总会，他细心地发现了一个隐藏的重大事件，事后据说那位港商说"以后就是把我抓去枪毙，我也不会请曹德旺吃饭了"。更早，1971年，他到家乡水库工程办事时，就从一个挑泔水的妇女表情中读出异样，他用手掏泔水，发现泔水下面有半桶大米和地瓜。在他自传中这种细心比比皆是。

我想到的最后一颗心是童心。1986年在县委组织的申辩会议上，曹德旺当着县委书记的面伸出中指，然后扬长而去。1988年在一次福建省组织的国际赛事上，由于主办者不守信用，他居然敢在省委领导面前摔奖杯！我十分羡慕这种童心，对此我会会心一笑。

我是福建人，早就知道曹德旺先生，多年前我专门带学生去福耀玻璃采访过曹德旺、曹晖父子和财务总监陈向明等多位高管。我也在一位于福耀公司担任高管的同学的带领下去参观过曹德旺先生福州的豪宅，那时我看到了他的大量藏书和关于佛教、佛经的书，我以为那是一种装饰，后来我才知道他是真的爱书，并且他家四代信佛。我也参加过福耀公司在北京举办的某次纪念活动，在餐桌上听着曹晖和他的姑姑斗嘴。我有幸受邀担任河仁慈善基金会的监事，除非在国外，否则我都会到场参会。我听到曹德旺在会议上说："我在佛祖面前发过誓，曹家人宁可饿死也不会动用河仁慈善基金会一分钱，我把它拜托给你们了。"

最后，我觉得曹晖是幸运的，在他捧不下一堆心的时候，父亲曹德旺还在往里面加心，而他自己也会找出自己的心。我好像有两三年没有见到曹晖了，但上一次见到他的时候，我已经明显地感受到他作为领导者的成熟和在言行举止中流露的自信心。我觉得"曹家心"得以传承了。

万事发乎于心，成乎于心，止乎于心。

2015.6

负荷与快乐度矩阵

最近几年,我关注的重点主要在于企业与社会的关系,如企业社会责任、商业文明、经济发展与文化的关系、企业史,等等,对于企业微观管理的关注并不算多。但最近走访并认真调查了一个发展中的企业,使我又对企业微观管理产生了兴趣。

五六年前,我为几个中国的著名企业做企业文化的咨询项目时,曾经用到一个自创的测试工具,来测量一个企业员工的工作负荷度和快乐度,以衡量这个企业的管理水平和企业文化氛围。现在重新回顾这个工具,觉得还是很有味道。

于民营企业而言,创业的老板往往是一个很有业务能力的开拓者,但如果老板自己一直在一线冲杀,而部下跟着干,企业在一定规模上就会停滞。因为一个人的能力是有限的,中关村流行的所谓"过了五千万(销售收入),关山更好看"等,其实也有这样的含义在其中。

因此,能干者要向管理者转变。所谓管理者,是通过别人实现自己的目标,而不是自己干活。一个极端的管理者可以什么事也不干,仅仅躲在幕后发号施令,甚至一边游山玩水一边发号施令。管理者不是简单地放权,而是建立起一套管理系统,授权、指导、监督、纠偏、激励、批评、用人与换人,等等。用一句俗话说就是,能干者是累自己,管理者是累别人。有些老板自己干累了，就放权给部下，但是没有建立起一套相应的管理体系，没有学会如何自己不干而指导别人去干的管理方法，因此看到部下无法比他做得更好，就又收权，经常在简单的收权与放权之间徘徊，企业还是长不大。老板只有完成从能干者到管理者之间的转化，企业才能上一个明显的台阶。

管理者还不是领导者，所谓领导者是有战略思想和人格魅力的管理者。有战略思想，就能够分析外部形势和机会，制定企业长远目标和规划；有人格魅力，就会有快乐工作的部下和长期的追随者。这样的企业就能够抵御风险，长期生存和发展。领导者有能力让部下累并快乐着。

为了评测员工是否努力工作和快乐工作，我设计了一张矩阵图，一维是工作负荷度，一维是工作快乐度，详见下图。我们在企业中发放问卷，向所有员工（大企业可以是骨干层）调查其工作负荷度和快乐程度，然后计算出平均值。以平均值为横坐标和纵坐标，就得出一张相对值的矩阵图。这张矩阵图有四个象限：一是负荷程度高，快乐程度高；二是负荷程度高，快乐程度低；三是负荷程度低，快乐程度高；四是负荷程度低，快乐程度低。我把得分双高者命名为快乐牛，双低者命名为郁闷猴，负荷高、快乐低者命名为郁闷牛，负荷低、快乐高者命名为快乐猴。我们也可以问企业老板，他认为工作负荷度多少以上叫做工作负荷高？快乐程度多少以上叫做快乐程度高？由这两个数值画出的图可以称为绝对值矩阵图。

在这样一张图上，可以反映出全体员工基本的工作状态，同时反映出一个企业的管理水平和企业文化氛围。如果一个企业里大多数人都是快乐牛，说明这个企业的老板是个很好的领导者；如果大多数人是郁闷牛，说明这个企业的老板是一位合格的管理者，但不是好的领导者；如果猴的数量多，则说明这个企业的管理有问题。如果问卷注明被调查者的基本信息，还可以进

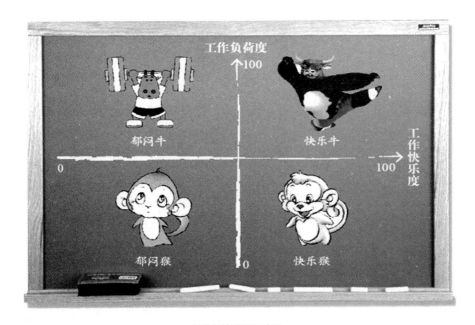

负荷与快乐度矩阵图

一步分析不同部门或者不同地域员工的状态和差异,能够更加有针对性地分析解决问题。

如果在问卷调查时列出工作负荷度与快乐程度的原因,就能进一步分析如何改进和提高员工的工作负荷与快乐程度。理想的数值是员工的工作负荷度与快乐程度都是100分,但事实上很难达到。很多人可能还记得,在改革开放早期的1985年,石家庄第一塑料厂厂长张兴让在引进日本设备后感叹,同样规模的企业,我们的员工人数是日本的7倍左右,而我们工人的有效工作时间一天只有2—3个小时。他因此发明了"满负荷工作法",得到了当时中央领导的高度重视和媒体的大力宣传。今天,中国企业的整体工作效率已经不是问题,主要矛盾变成如何让员工们更加有尊严和快乐地工作。我当时设计这个工具就是为了企业文化的咨询项目,是用于评测企业的文化氛围的。但是,企业毕竟是企业,仅仅让员工快乐不是企业的目的,企业的目的是让员工快乐而高负荷地工作。在市场竞争的压力下,一定程度的工作负荷是必需的,因此这两个维度同样重要。

在调查过程中,员工容易夸大自己的工作负荷,有情绪的员工容易夸大自己的不快乐程度,因此事先需要解释说明并打预防针。由第三方(如咨询公司或顾问)进行的无记名调查的真实程度会更高,即将离职的员工填写的数据的真实程度更高。有时还可以用各部门和各单位负责人对部下的评价指标进行参照修正。总之,要尽量使调查数据真实可靠。

任何一个组织的领导都希望自己的部下能够高效、快乐地工作。在有的组织中,可能工作负荷度高但是员工的工作效率不高,也可能工作负荷度高但是员工潜力的发挥度不高等,因此在不同水平和状态的组织中,工作负荷度指标可以变换为工作效率或者个人工作能力的发挥程度,等等。

任何合格的领导者,都要经历从能干者到管理者,再到领导者的转变和提升,要随着企业和组织的发展而变换角色,要像那些伟大的演员那样,演什么像什么,而不能像本色演员那样,只适合扮演与自己性格相像的角色。每一个领导者都可以问一问自己,你是累自己,还是累别人,抑或是让别人累并快乐着?

2011. 4

家族企业万岁

在朝鲜战争一次重要的决战关头，志愿军第三十八军打了一场极其漂亮的阻击战。捷报传来，彭德怀总司令激动地在回电结尾写了这样一句话："三十八军万岁！"发电报前秘书劝告说："彭总，'万岁'这两个字在中文里不能轻易用。"彭总生气地说："叫你发你就发，少废话。"

什么东西能够万岁？有生命的东西都不能万岁。说万岁只是人们的一种愿望，一种良好的、真诚的祝福。

企业能否万岁？我们不知道，因为人类有记录的历史还没有一万年。那么企业能否千岁？这是可能的，因为目前有据可查的千年企业有四家：日本的金刚组已经生存了1 433年，日本的粟津温泉酒店生存了1 293年，法国的Guolaine生存了1 011年，意大利的Agnone生存了1 011年。

我们是否期望中国企业千岁或万岁？中国至秦朝以后，历代政权很少超过300年，短命的秦朝统一中国后只生存了15年，隋朝37年；长命的汉朝426年，宋朝319年（而汉朝分东、西汉，宋朝有南、北宋）。中国的改朝换代都是通过革命的方式，因此，我们很难看到有上千年的企业。

有人界定所谓长命企业是指品牌和财产关系都延续传承的企业。由此观之，中国有数百年的品牌，但是没有数百年不变的财产传承。例如，陈李济成立于1600年，荣宝斋成立于1662年，同仁堂成立于1669年，全聚德成立于1864年。在清政府的洋务运动中，江南造船厂成立于1865年，马尾造船厂成立于1866年，招商局成立于1872年，中国银行的前身户部银行成立于1905年。中国近代第一批民办企业张謇的大生集团成立于1898年，荣毅仁的荣氏企业成立于1901年……1949年以后，一切私有财产关系都结束了。乐松山将同仁堂交给国家，自己当了北京市副市长；荣毅仁把荣氏企业交给国家，自己当了上海市副市长。

今天我提"家族企业万岁"，的确是有感而发。

首先我想谈谈什么是家族企业。根据一般的说法，似乎民营企业都是家族企业，因此有人说，美国的企业90%是家族企业，占GDP贡献的50%；中国的企业74%是家族企业，占GDP贡献的50%，占就业贡献的80%；等等。但是，如果凡是私营企业都可以叫做家族企业的话，家族企业的概念就没有必要存在了。所以家族企业一定是有别于私营企业的。所谓狭义的家族企业，在不同的研究目的或者语境下，有不同的含义。我在本文中定义的家族企业是指家族控股、家族经营、家族有意愿代代传承、家族是有历史的（例如有家族祠堂、有族谱）企业。

今天，在中国市场经济发展30年后，第一代创业者已经开始向第二代交班。例如，徐冠巨已经接了徐传化的班，茅忠群已经接了茅理翔的班；鲁伟鼎正在接鲁冠球的班，黄涛正在接黄如论的班，曹晖正在接曹德旺的班；还有宗庆后的女儿、刘永好的女儿等都正在企业里工作实习，准备接班。中国民营企业的接班传承问题正在成为中国经济发展历史上的一个重要课题。

企业能否万岁是一个方面，企业主和社会是否希望企业万岁又是另外一个方面。

上个月的《北大商业评论》（2011年4月刊）的专题是"家业长青"，我们和《中国企业家》杂志社举办了一个关于企业代际传承的研讨会，请来了一些著名企业的接班人和第一代企业家。尽管我已经有思想准备，但还是对企业家们或者标榜自己不准备把企业传给子女，或者表达出对代际传承的负面感觉而惊讶。两代企业家有的从理论上论证了家业长青的不可能，有的从人性和自由的角度论证不能强迫子女接班，等等。我曾经和一位浙江的大企业家谈过企业接班人的事，他认为此事不宜公开提，因为社会上有仇富心理，如果再说儿女接班，人们会更加反感。

我是希望家族企业家业长青的，尤其希望中国的家族企业家业长青。而这主要是从社会的角度出发，不是从企业主的角度出发。中华民族是一个特别注重家庭和家族的民族，家庭和家族在中国几千年的历史上起了重要的社会稳定器的作用。从两个名词中我们可以读出这种味道：一是国家，只有中文把国称为国家，在其他语言里，国就是国，家就是家。这一点我在《国与家的企业》一文里有过详细的论述；二是宗教，宗教从中文字意上理解是祖宗的教诲。在中国，祠堂往往代替了教堂，起到培育社会良心的作用。祖宗传下来的祖训和格言代替了各种经律，使人有统一的价值观；族谱使人面对列祖列宗产生敬畏感，使人有底线。因此，祖宗的教诲在很大程度上代替了真正的宗教。

我们可以设想，一个源远流长的家族，如果以家族名义去从事商业，把家族几千年的信誉压在上面，它的道德成本是很高的，它坑蒙拐骗的可能性是很小的。有限公司、股份制公司固然是一种经济制度进步的表现，但也带来了短视和某种程度的不负责任。历史上晋商的钱庄，没有资本充足率一说，没有银行监管一说，但传承了一百年，经过了三四代人，就是自觉和信誉在起保障作用。电影《白银帝国》在结尾时描述了某晋商的钱庄面临破产时，还努力地还储户的钱。当他们挖出祖先窖藏的白银时，首先看到祖先留下的一封信，信中说，"当你们读到这封信的时候，一定是我们家族的危难之际，但首先还是要以诚信为本"。这就是中国"宗教"的力量。这种"宗教"如果与当今的市场经济规则相结合，就会产生伟大的中国家族企业。这种家族企业是社会需要的，是美好的。

我还认为，在中国，家族企业的传承是有很好的孝文化基础的。巴金在《家》中塑造了一个觉新的形象，但觉新有什么别的选择吗？我的外祖父年轻时在南京当中学校长，父亲去世后他回到家乡继承祖业，后来他成为地主、劳改犯，但是他有什么别的选择吗？今天，如果我的父亲是企业家，他创建了一个企业，他去世前对我唯一的愿望就是继承这个企业，把它发扬光大，我有什么别的选择吗？中国有句话说："百善孝为先"，何况父亲让我继承这个企业难道是要害我吗？就像《虎妈战歌》中的蔡美儿，她对女儿严厉难道是要害女儿吗？中国还有一句俗语叫"不听老人言，吃亏在眼前"。经历过人生后，我们往往发现，父母当年的劝告很多是正确的。

家族企业能否长青，首先取决于企业主是否有使它长青的意愿，其次是社会是否有能够使它长青的环境，最后是企业主和经营管理者是否有使它长青的能力。前两个条件比第三个重要，第一个条件比第二个重要。

从社会、企业、创办者、继承者的角度看，从中国特色管理的角度看，我都希望家族企业万岁。

2011.5

熟人社会管理

西方的管理理论和管理制度是建立在生人管理基础上的。尤其是美国，发现北美新大陆后，欧洲旧大陆各国敢于冒险、渴望发财，或者由于各种原因希望逃避所在国的人们聚集到了美国。所有人在美国都没有根基，所有人在美国都没有亲人，所有人都可以随时消失。在这样的基础之上，美国发展了一套独特的社会管理制度，形成了一套美国管理理论。

而几千年来人口、文化一直在繁衍生息的中国，却是一个典型的熟人社会。人都有根有基，如果犯了错误，不仅自己遭殃，还要累及家人。皇上还可以灭人"九族"，所谓九族，一说是父系九族，牵涉到自己以及上四代和下四代；另一说是父系四族、母系三族、妻系二族。明成祖朱棣还发明了灭"十族"，朱棣即位后，命方孝孺起草登基诏书，方因拒不受命而被灭十族，即把与方孝孺所有沾亲的人都灭了之后还要把其门生也灭了。虽然这是极其负面的典型，但充分说明了中国熟人社会的特性。

在熟人社会里，大家都知根知底，每个人都不是无亲无故的个体，一人犯错，全家蒙羞、全族蒙羞，甚至祖祖辈辈抬不起头。因此在熟人社会里，犯错误的成本是很高的。外国银行初到中国发展时，基本上都找中国大家族的成员作为职业经理人，那时叫做"洋买办"。例如苏州洞庭东山席家，其祖孙三代在外商开设于上海的34家银行中占据了17个买办位置，其中包括英商银行、美商银行、日商银行，还有俄商银行、意商银行、法商银行。其他典型的还有唐廷枢、徐润、郑观应都出自买办世家，每个家族都有十几号人甚至几十号人在洋行里供职。说明外国商人也知道利用中国的熟人社会的信用和大家族的信用。

市场经济发展以后，社会的流动性加大，社会从熟人社会向生人社会转型，20世纪初的上海和20世纪末的深圳就是典型。在全面实行市场经济制度之后，生人社会的范围渐渐加大，熟人社会的范围渐渐缩小，生人社会的价值观渐渐占了上风，熟人社会的价值观日渐式微。

企业管理的理论和制度、方法更是基于生人社会的基础，因为每个人都可以随时消失不见，而谁也不知道他有什么亲朋好友，因为这是"隐私"。只要不犯法，或者能够逃避法律责任，道德和信用并不重要。西方流行过一阵"Y"理论，就是因为西方管理理论和制度、方法等都是基于"X"理论的，即把每一个人都看作"坏人"。

中国历史上晋商票号的管理则是基于熟人社会的管理。他们只招收山西平遥、太谷、祁县三个县的人，进票号时要有熟人担保，实习期满后就会被终身雇用，以后还可以参与票号的分红。票号在没有最低资本金要求、没有金融监管、没有现成经验可以学习、没有广纳国际人才或者全国精英的情况下发展了一百年，形成了巨大的全国网络，经历了三四代人，这值得我们学习和深思。

在现代市场经济环境下，可否依然探索出一套熟人管理办法？在这种指导思想下，可否渐渐地把生人变成熟人、熟人变成亲人？中国的文化善于把生人变成熟人，把熟人变成亲人或者准亲人，如传统的义结金兰、义父义子，等等。中国商人说先交朋友，后做生意，也是表达了与熟人做生意的意愿。基于熟人管理的企业一定比基于生人管理的企业更美好，因为熟人社会一定比生人社会更美好。也许这样的理想企业永远不会有，但不等于我们不可以去追求；也许我们做得不可能那样完美，但不等于不能朝这个方向努力。

2011.6

高速度的代价

一场"7·23"甬温线特别重大铁路交通事故再一次震惊了世界,尽管媒体进行了铺天盖地的报道,但官方的调查结果至今还未出来,即使出来或许也不能回答所有的疑问。2005年4月15日,西日本铁道公司的一列城铁因司机超速行驶而脱轨,导致107人遇难,500多人受伤,至今官司仍然没有打完。我认真地搜寻了"7·23"事故发生后各家的新闻报道和评论,试图判断一下事故的大概原因是什么,例如设计问题、产品生产问题、施工质量问题、管理问题等。看完之后心情更加沉重,似乎什么问题都有,甚至还有制度问题,再联想到铁道部以部长为首的一系列贪污受贿现象,问题更加扑朔迷离。我又阅读了很多国外媒体从中国高铁及动车事故引发的对中国高速经济必然要出事故的分析和判断,于是把思考的点转向了关于速度与管理的问题方面。

先谈谈铁路管理。火车和铁路的出现对管理提出了很高的挑战,因为铁路是复杂的大系统,出现各种故障和事故的概率高;因为火车的速度快,出故障后留给人们排除故障的时间少;因为铁路载客量大,一旦出事故危险性会非常高;因为火车对时间精确度的要求高,至今仍是时间精确度最高的交通工具;因为火车是各种技术的组合,对各种人员的素质要求高;因为火车要经过不同的行政区域或者不同的国家,其中有不少政治关系和利益集团关系需要协调处理,正所谓"铁路警察各管一段";还因为铁路的建设周期长、投资大，促进了大规模股份公司的诞生和发展。因此，管理学家们认为火车和铁路的出现大大推动了管理的进步与发展。

世界上第一条铁路是英国在1825年修建的斯托克顿—达林顿铁路。美国是铁路最多的国家，营运里程居世界第一位，现有铁路260 423公里。中国自主设计并建造的第一条铁路干线——京张铁路于1906年开工建设，1909年建成通车。后来汽车和高速公路、集装箱海运的诞生与发展，使得铁路的作用和地位逐渐下降。直到1964年高速铁路的诞生，使铁路重新焕发出生机。日本新干线是世界上第一个投入商业运营的高速铁路，但除了日本、德国、法国等少数几个国家，高速铁路并没有在全球普及推广。到目前为止，官方对"7·23"事故的原因给出了四个基本结论：(1) 温州南站信号设备在设计上存在严重缺陷（该出现红灯时显示绿灯）；(2) 雷击造成温州南站信号设备故障；(3) 温州南站电务值班人员没有意识到信号可能错误显示，对新设备关键部位的性能不了解；(4) 温州南站电务值班人员未按有关规定进行故障处理。

但是在媒体的报道中，还有如下问题：(1) D301的列车级别高于D3115，在两车都晚点的情况下，D301应该有优先发车权，但D3115是上海铁路局的车，在自己的地盘上，永嘉站让自己的车先发；(2) 普通铁路电务人员升级为高铁电务人员前应该接受1—3个月的培训，但高铁在"大干快上"的情况下，不少人没有经过严格、正规的培训就上岗了；(3) 在设备系统出故障时，手动人工调度管理没有跟上，司机潘一恒在撞车殉职3分钟之后，调度才向D301次列车发出减速指令；(4) 在近年高铁建设过程中，中标的往往是铁路系统内部企业，绝少有外来竞争者，使得这些企业的技术实力裹足不前，该路段设计方"北京全路通信信号研究设计院"于事故发生5天后向社会道歉；(5) 避雷系统的施工可能存在偷工减料行为，使得避雷线路受阻而击穿信号机;(6)"7·23"重大事故发生前,高铁已经是事故不断,但是并没有引起铁路系统各级的高度重视……

我对铁路技术和铁路系统毫无研究,但我认为有一个基本事实是,中国的高铁技术和高铁产品已经进入世界前列,因此中国的高铁管理也必须进入世界前列。例如,D301列车路线全长2 223公里,横跨6个省市,停靠22座城市,耗时13小时36分,是世界上最长的高速铁路车次。但是,我们铁道部门在面对世界前沿技术和管理时,缺乏那种如临深渊、如履薄冰的工作态度和准备好排除各种故障的预案的作风。例如,机动、手动两套体系的并行和应急措施(这时我想起小时候听过的一个英雄故事:当发现列车出故障停驶时,一位少先队员用红领巾包着手电筒作为红灯信号冒着生命危险拼命往前跑,希望后面的列车司机看到后能够尽早刹车)。

中国的桥梁、隧道建筑等行业,也进入了世界前列,也必须要有在总体落后状态下的局部领先的试验心态,更需要恪尽职守、兢兢业业、谨小慎微、以防万一。人类对新技术和新产业的试验是要付出代价的,比如英国的泰坦尼克号豪华客轮、美国的挑战者号航天飞机、苏联的切尔诺贝利核电站,等等。

我最痛恨中国一出事情,国外和国内就有一票人大唱中国不行和中国人不行,这一次也是如此。比如,"7·23"事故刚发生,就有人说:你看人家日本高铁47年都没有出过人命事故。没过几天,日本城铁事故于7月29日在东京开庭,于是我们知道他们的铁路事故死了100多人。这几天又有报道称印度两列火车迎头相撞。当然,我们绝不能因此就原谅自己,更不能为了所谓的国格轻描淡写、文过饰非,否则后果将不堪设想。前几天还有报道称,上海地铁因为信号错误开向了反方向,幸好未出人命。

铁道部门一定是有严重问题的,它似乎既没有"为党、为国、为民"

的国有主人翁精神和严谨作风（与之形成鲜明对比的如航天部门），也没有"用户就是上帝"的市场职业精神和商业道德（与之形成鲜明对比的如有些改制后的央企）。几天前我看到一份调查说，目前国人最不注重的道德观念是廉和耻，这在铁道部身上似乎得到了印证：不廉是众所周知的；不知耻表现在对这次事故的处理和态度上没有得到社会的满意，没有人主动站出来承担责任。铁道部新闻发言人字正腔圆、官气十足，动不动就代表铁道部门几百万职工，似乎劳苦功高，岂不知有时功过不能相抵吗？

我从来都对中国人有信心，我从来都对中国有信心，我对中国高铁也仍然有信心。我希望所有从事高铁事业的中国人振奋精神、痛定思痛、亡羊补牢，使中国高铁事业遥遥领先于世界。

2011. 8

企业与社会的中国特色

如果我们把社会主义理解为苏联模式的社会主义制度，那么20世纪，在欧亚大陆上出现了13个共产党领导的社会主义国家，形成了与资本主义相抗衡的社会主义阵营。到20世纪80年代，15个社会主义国家拥有全世界1/3的人口、1/4的陆地面积、2/5的工业产值和1/3的国民收入。到了20世纪末，坚持称自己为社会主义的国家还剩5个：中国、越南、古巴、老挝、朝鲜。中国走上了市场经济道路，越南、老挝也先后走上了市场经济的道路，古巴已经开放了个体经济，朝鲜正在松动。那么，自称为社会主义的国家和不再称自己为社会主义的国家相比有什么不同呢？我的理解，至少这5个国家的执政党还坚持着社会主义理想。我相信，以邓小平为首的中国老一辈革命家们在推行改革开放政策时并没有放弃社会主义理想，而是希望在市场经济体制下探索出一条实现社会主义理想的道路。目前，社会主义国家的困难在于，要在达到资本主义生产效率和富裕程度的基础上讲社会主义公平，而原发展中社会主义国家在赶超发达资本主义国家的生产效率和富裕程度的过程中，可能会产生比发达资本主义国家更大的不公平，这种现象正在中国发生。

邓小平在1987年说："我们原定的目标是，第一步在80年代翻一番。以1980年为基数，当时人均国民生产总值只有250美元，翻一番，达到500美元。第二步是本世纪末，再翻一番，人均达到1 000美元。……我们制定的目标更重要的还是第三步，在下世纪用30年至50年再翻两番，大体上达到人均

4 000美元。做到这一步，中国就达到中等发达水平。这是我们的雄心壮志。"事实是，到2002年，中国的人均GDP达到了1 070美元；到2010年，中国的人均GDP就达到了4 382美元，超前实现了邓小平提出的目标。

但邓小平同时还说："社会主义财富属于人民，社会主义的致富是全民共同致富。社会主义原则，第一是发展生产，第二是共同致富。我们允许一部分人先好起来，一部分地区先好起来，目的是更快地实现共同富裕。正因为如此，所以我们的政策是不使社会导致两极分化，就是说，不会导致富的越富，贫的越贫。"这个目标没有实现。中国的贫富差别从改革开放以后就一直扩大，而且越来越严重。以基尼系数为例，中国国家统计局的统计数据显示，1978年中国基尼系数为0.317，逐步上升到2000年的0.4089（超过了0.4的警戒线），然后上升到2004年的0.465，此后国家统计局就没有再公布基尼系数。另外的算法认为，改革开放初期中国的基尼系数为0.2左右，然后逐年上升，至2010年已经超过0.5，成为全世界贫富差别第四大的国家，甚至有人预测很快会达到5.5，成为全世界贫富最悬殊的国家。无论数据准确与否，中国的贫富差别自改革开放以来在不断扩大则是一个不争的事实。据查，2010年，欧洲和日本的基尼系数为0.24—0.36，美国的基尼系数为0.4左右，中国台湾地区的基尼系数为0.326。在中国的省级地方政府中，重庆第一个把基尼系数的指标写入"十二五"规划。按照重庆市的规划，要在"十二五"期间把基尼系数从0.42下降到0.35。

在采用市场经济制度而使经济迅速发展后，如何解决贫富差别，实现社会公平就成为中国的首要问题，也成为"中国特色社会主义"要解决的理论问题。经济学中有三次分配的说法，第一次分配是靠市场进行的分配，第二次分配是靠政府进行的分配，第三次分配是靠道德进行的分配。从理论上讲，在靠市场进行的分配过程中，在大同小异的市场经济体系和国际市场一体化的环境下,社会主义国家和资本主义国家的差别不大。但是在靠政府进行的二次分配过程中,社会主义国家应该比资本主义国家更具有公平性。在靠道德进行的三次分配过程中,社会主义国家也应该明显地优于资本主义国家。但遗憾的是,中国在这两个方面都做得不好。

在市场经济环境下的许多社会问题都是由市场中的基本单位——企业造成的,要解决好社会问题,就要解决好企业与社会的关系问题。在市场经济制度下,企业为追求利润最大化,而把本来应该由内部承担的成本尽量转移给了社会,使得企业内部成本外部化,造成了很多社会问题。如果社会不能消化这些问题,社会就会破产,产生动乱,甚至产生革命。要解决企业给社会带来的问题,可以分为是在企业成本中解决还是在企业收益中解决,是主动解决还是被动解决。用这两个维度来划分一下解决企业内部成本外部化问题的对应办法,可以分为四个象限。被动内部解决的方法靠法律法规;被动外部解决的方法靠税收;主动内部解决的方法靠企业社会责任;主动外部解决的方法靠慈善公益,详见下图。

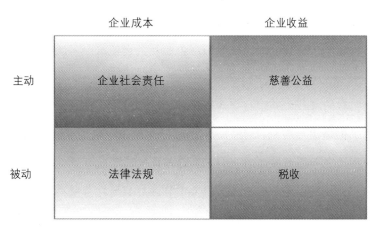

企业社会矩阵图

第三象限和第四象限是企业被动承担社会责任的方式。首先是社会靠法律和法规将各种社会成本转移到企业内部，例如提高最低工资标准、增加雇员的劳保福利、提高各种流转税、提高企业排污的标准，等等；其次是提高企业的所得税，用加大企业税收来加大对各种社会成本的支付。第一象限和第二象限是企业主动支付各种社会成本的方式。第二象限是企业主动用高于法律法规的标准在成本和生产过程中解决一些社会问题，即西方国家所说的企业社会责任（CSR）；第一象限是企业和企业家在收益中主动拿出一部分做慈善公益事业。

第三象限是靠市场进行的分配领域，第四象限是靠政府分配的领域，第一象限和第二象限是靠道德分配的领域。在世界经济一体化的条件下，当发展中的社会主义国家赶超发达资本主义国家时，如果制定更为严厉的法律法规、更高的税收，很容易导致企业家投资意愿下降或者资本外流。因此，如果社会主义国家的企业社会责任事业和慈善公益事业做得比资本主义国家好，那么社会主义的公平性就能够得到明显的体现。

慈善与公益是西方资本主义国家在19世纪形成的理念和实践，企业社会责任是西方在20世纪中后期形成的新理念和实践。在中国，慈善公益与企业社会责任几乎是同步进行的，因此我们用企业社会责任这个名词包含了慈善公益事业。

在中国，我们有理由要求政府建立完善的二次分配体系，因为我们是社会主义国家。但是也要看到，建立一个涵盖13.4亿人口的社会福利体系是相当困难的，相比之下所有发达国家的人口总和只有12.37亿。更何况中国的地区差异相当大，政府在进行二次分配时要十分注意普遍性，要不然不解决，要不然全面解决，这也带来在这样一种人口和区域分布状态下解决问题的难度。因此，企业和企业家无论在生产过程中的社会责任还是在分配过程中的社会责任，都是解决中国市场经济环境下贫富悬殊等社会问题的主要途径，也是具有社会主义理想的企业家和富裕人群的重要社会贡献。

中国何时实现了邓小平所说的共同富裕目标，我们才可以说社会主义的优越性。

2011.9

父债子还的中国式信用

习近平总书记在武汉发表讲话时提到需要深入调查的几个重大问题，其中一个是"如何搞活市场，支持创业"。中国正面临创业的好时机，各地方政府也推出了不少鼓励创业的方案。例如，武汉市政府最近通过了"青桐计划"，全方位扶持大学生创业，力图"让武汉成为青年创业圣地"。比如，可以对大学生创业提供10万—20万元的无偿资助，组建1亿元以上的天使投资基金、创业种子基金，提供1 000万元小额贷款担保基金，免房租、减税收、给予优惠住房等，此政策不仅适用于武汉市的大学生，也适用于愿意到武汉市创业的外地大学生。这恐怕是迄今为止地方政府出台的对大学生创业最优惠的政策。

最近我也参加了一个慈善基金会对MBA学生的创业计划评审，在16个申报项目中，5个项目获得了7个评委的全票通过，而且都有创投公司跟投，待进一步决定的有2个项目。这是一个不错的结果。接下来的问题是，作为慈善基金会，如何运作种子投资资金。首先，采用商业投资不是最好的办法，所有的天使投资和种子投资都是采用前期投资入股的办法。我们想探索一种亲友式投资的方法，假设学生是我们的亲戚，我们作为有能力的长辈希望支持他们创业成功。因此，根据需要，我们相应给予他们20万元、50万元和100万元的原始借款，在他们创业成功以后归还，不占据他们的股份，当他们有能力时自愿以其他方式给予回报。

问题在于这种亲友式的创业扶持借款，是否可以不需要以法律的形式约定，我们希望探索一种非法律的方式建立这样的资助关系。

2008年汶川大地震后，我在四川绵阳市靠近北川的一个村庄里进行了一项公益试验。我们的方案是给每个村民一部分无息借款，分五年偿还。当时很多朋友劝我不要这样做，有位银行行长说，现在大学生贷款都不还，何况受灾的农民。但我仍然决心做这样一个试验。我们筹集了350万元资金借给村民。现在第四个还款期过去了，村民们的还款率为到期应还款的66%。到今年春节就满五年期了，迄今为止，我们没有采用较为严厉的催款方法，只采用了鼓励还款的方法，在很大程度上是因为我想看看在比较自然的状态下村民还款的情况。五年到期后，我们会再商量如何进一步鼓励或者约束村民们还款。至今我还清楚地记得，当时在废墟边的帐篷里，村民代表和我一起点着蜡烛商量这个计划，当我们讨论是分年度等额还款还是第一年还款率低一些后面慢慢递增时，他们一致认为采用等额还款方式，这一点令我非常感动。如果我们当年设计按第一年还款10%，然后按15%、20%、25%、30%逐年递增的话，第四年的按期还款率还会更高一些。因此，我对这个试验是有信心的，如果五年能够收回80%多，对一些困难户延期1—2年，还款率达到95%以上，这个试验就应该算是成功的。

现在我们计划对创业者进行试验，即以无息借款的方式对创业者提供创业初始资金，分2—3年偿还，无须担保、无须抵押。我期盼MBA们的信用比四川受灾农民更高。

至此我又想起我爷爷的故事。我爷爷一生坚持写日记，在他50多岁时的一篇日记里，他写道："今天我如释重负，终于还完了父亲的欠款。"当年，我曾祖父是清朝在安徽一个地方驻军的负责人，因为洪水冲坏了兵营，他向地方乡绅借款修复兵营，准备等上级拨款下来后还钱，结果发生了辛亥革命，上级的拨款永远不可能来了。于是他就自己承担债务，陆续还债，他过世后由我祖父接着还债，直至全款还清。我想这就是中国式的"父债子还"的演绎。

这不是市场经济的逻辑，在市场经济中，是可以合理避债的。有限公司法人的产生，使得企业只负有限责任，大大鼓励了个人投资和做生意的意愿，降低了自然人的责任和风险，但同时也鼓励了逃避责任和欺诈行为。今天，我们不能批评有限责任公司的合法避债和避税行为，但我们可以尝试在个人与个人之间、公益组织与个人之间建立中国式信用，建立这种类似于"父债子还"的深度责任感。以我们的试验为例，我们希望和创业者之间建立中国式信用，创业者借了钱之后，投身于市场经济并按西方式法则进行下一阶段的投资和交易。

"西方式法则"不需要我们添油加醋，"中国式信用"则需要我们发扬光大。

2013.8

角色变化的艺术

最近我作为团长与其他四位老师一起带了20位企业创始人到瑞士游学。他们平均40岁;既有博士生、硕士生,也有北大、清华的本科生,还有两位没有文凭的复员军人和在农村土生土长的农民创业者;来自8个省市和10个行业;都是非常优秀的企业创始人和领导者。

一到瑞士,在第一次会议上我就说:"从现在开始,你们都不是东西(当然不是东西,是人),也不是人(不是一般人,一般不是人),是普通学生,要服从老师的教导和领导。"我们规定了严格的纪律:迟到要递增罚款,每日的不足要在大巴上点评和批评,要求结束前全员相互评分,对小组的活动和节目要相互评分,等等。开始时有些学员不适应,但是在这种氛围下很快就适应了。我们这一支临时组织起来的老板团在十天之内好像从游击队变成了正规军,从不守时到准时,从大声喧哗到轻声细语,从洗手时水花四溅到把洗手台擦得干干净净,从初到时大大咧咧到离开时桌椅全部复原、垃圾清理干净,从行进中的稀稀拉拉到紧凑有序。军队的素质是在高压下练出来的、在疲惫中熬出来的、在队列中训出来的、在紧迫中逼出来的,总之,不是在课堂上教出来的。而这正是当前商学院的重大不足。游学回来后,一位主持人出身的女学生告诉我,当她准点赴约时朋友们大惊小怪,本来大家早已习惯了她的迟到,感叹她从钟表之国带回来了准时性。

作为领导者,有时要两眼紧闭,有时要两眼睁大,有时要一只眼睁一只眼闭。我可以解释为两眼紧闭是想战略，两眼睁大是抓细节，一只眼睁一只眼闭是看重点。一个优秀的领导人，该粗时就粗，该细时就细；该往前时就往前，该靠后时就靠后；该严厉时就严厉，该温柔时就温柔；该放权时会放权，该收权时会收权。这就叫做角色变化。

1997年我到海尔去，张瑞敏正在抓细节，口号是"日事日毕、日清日高"：每天的任务每天完成，绝不拖过夜；每天的事情清理完，第二天进步一点点。后来有人计算了在1的基础上每天进步1%，一年下来就会变成37.78；每天退步1%，一年下来就会变成0.03。1999年我到台湾，拜会了王永庆，他在著名的午餐会议室接待了我们。午餐会议室是他每天召开会议找问题的地方，那时他的总管理部专门替他下企业找问题，下面人害怕这些人，把他们称作"红卫兵"。会议室里挂了一幅书法：止于至善。再后来我得知三一重工的梁稳根每天召开早餐会协调工作、解决问题。当时三一重工还没有今天这样的规模和地位。

这些大企业家都是大战略家，有宏大的视野和目标，但是不等于他们不会抓细节。《毛泽东军事文选》厚厚一本，主要是由各战役和战斗指挥电报构成的，十分详细。我相信，在一个组织高速成长和外部情况快速变化的情况下，靠规章制度和流程是不够的，修改制度和流程都来不及。而如果可以保持每天的沟通协调会议，就没有什么解决不了的问题。但是，在组织上轨道以后，领导者则要克制自己关心细节的冲动，退到后面建立体系和机制，靠团队和系统运营。

我看到，很多优秀的政治家在不同的岗位上都能迅速转换身份、适应不同的角色。一个政治领导人在成长的过程中会不断地从副职到正职，从正职又到副职，从僚到官，从官又到僚，因此练就了角色转变的能力。而企业家往往从创业起一直是一把手，不容易体会角度变化和角色变化。因此，企业家更需要注意换位思考和变化。人生就是一出戏，企业领导者不能满足于当一个本色演员，只会演一种类型的角色；而应该学巩俐，在《秋菊打官司》中土得掉渣，在《摇啊摇，摇到外婆桥》中则一身贵气。

好女人在家中都需要角色变化，所谓"在厨房是主妇，在客厅是贵妇"，何况男人乎？何况领导乎？领导是一门艺术，角色是艺术中的需要，今日之我非昨日之我，明日之我非今日之我也。

2013.11

与任正非的一席之谈

这次在国外出差,路过几个机场,华为的芭蕾脚广告十分醒目。此广告刚出来时,我便印象深刻,后来每次看到,仍有震撼之感。我问过西方的朋友,他们从这则广告里面读出来的只是跳芭蕾舞的艰苦和伤痕累累。而作为中国人,我们立刻读出两重含义。芭蕾舞诞生于意大利,发展于法国,风靡世界400年,是中国人眼里西方艺术的典型。因此,这则广告传达出来的首先是中国企业如何虚心地向西方学习文化、艺术、管理、技术;其次是这个过程虽然痛苦,但却是必需的,也是华为今天取得成就的一个重要的基础,尽管绑在芭蕾舞鞋里的是一双在中国土壤上长期浸淫的粗脚,用中国话说这叫削足适履。

不管华为以后会不会倒下,它在历史上扮演了一个中国企业从生到长、从一般到伟大的重要标杆,而且是在强手如林、变幻莫测的世界通信行业。田涛老师的著作《下一个倒下的会不会是华为》,即将出版第二版,据说内容已经修改了60%。此书第一版的英文版已经在西方世界广为流传,已经和正在翻译的语言还有西班牙语、俄语、日语、韩语。以华为为代表的中国企业全球化的速度远远超过了我们的想象。作为教授,我深切地感到,中国教育应该赶上中国企业的步伐,尽快在全球布局。

以后也许有一天会有外国公司做西方人学太极的广告,我相信画面不会那么痛苦。

华为的芭蕾脚广告

2014年7月，美国市场研究公司Infonetics称，2013年中国华为公司超越在电信设备领域处于主导地位的爱立信，成为全球最大的电信设备服务供应商。

时光回到27年前的1987年，任正非在失意之中创建了华为公司，当时他自己的创业资本金只有3 000元，却选择了一个残酷的行业——通信制造业，选择了一个响亮的名字——"华为"：中华有为，华人之为？提出了"做中国民族通信企业的脊梁"的目标，后来改为"做世界级通信企业"。当时他面对的是9个平均年龄127岁的世界级巨型企业，他说"世界通信制造业三分天下，必有华为一席"。今天，那个痴人梦语实现了。

任正非44岁创业，今年71岁，在这些年中几乎每天24小时开着手机，每天工作16个小时以上，每年1/3的时间在飞行旅途中（几次遇到险情接着飞），曾患有严重的抑郁症和焦虑症。华为的高管团队也基本如此，2/3以上的人患有与精神压力相关的疾病：抑郁症、焦虑症、高血压、高血糖等。华为中低层也如此地拼搏。华为的"垫子文化"众所周知，华为在早期的产品开发中，50多人同吃同住在实验室里，经常通宵达旦地工作，累了就在桌子上趴一趴；有的工程师累得眼角膜脱落。近年来，在世界各地有战争、地震、核泄漏等重大灾难时，华为员工都与各国人民一起承受，绝不逃避，因为那时的通信保障更为重要。

中国改革开放三十多年来，涌现了不少值得称道的企业，各领风骚。在全球范围看，华为是首屈一指者。现在全世界1/3的人的头上是华为的电信天空，它是业界老大，是全球年专利数最多的企业，在海外有5万员工，其中一半是当地人；它低调朴实，任正非27年不见媒体；它战战兢兢，永远在讨论和准备着"华为的冬天""下一个倒下的会不会是华为？""华为会死在哪里？"；它东西兼蓄，在东方哲学思维之下花大价钱引进西方管理制度和工具；它精神与物质并重，倡导英雄主义，但绝不让雷锋吃亏；它以民营企业之身份试验着量化的集体所有制，任正非本人只持有1.42%的股份，华为的股东却有近7万人。

华为的核心价值观有三条："以客户为中心，以奋斗者为本，长期坚持艰苦奋斗"。第一句谁都会说，但做到不容易，做到极致更难，而华为几乎做到了极致。第二句是"以人为本""以员工为本"的模板，但"奋斗者"的提法让人眼前一亮，而且华为落实到了工资、奖金、股权、职位上。第三句不像是一个企业的价值观，倒像是个政治组织、宗教组织、公益组织的口号。"奋斗"不容易，"艰苦奋斗"更难，"长期坚持艰苦奋斗"不要说企业难以做到，政治组织等其他组织也很难做到，但华为似乎在27年里做到了。据说有一位中央领导问华为二号人物孙亚芳成功的感觉是什么？孙亚芳回答

"欲哭无泪"。

向华为学习什么？仁者见仁，智者见智。不少原华为干部和员工出来创业，能学到华为什么东西？中国革命成功后总结了三条原因：坚定正确的政治路线；灵活机动的战略战术；艰苦朴素的工作作风。可学吗？一个要素出问题就会导致失败，每个要素都成功才导致成功。

当然，盲人摸象也是事实，也有收获。于我而言，我摸到的是华为的奋斗精神，长期的、艰苦的奋斗精神。这是中华民族，是我党、我军的胜利法宝之一。在现代市场经济中，在华为这样的企业组织中我们又看到了。

6月18日，我有机会和其他三位来自新加坡国立大学、台湾政治大学、北京大学的经济学和管理学教授一起与任正非先生进行了两个小时的座谈，

与任正非先生等合影

讨论的话题很广，留下了深刻的印象。事后我写了一首小诗《见任正非》：

> 任论世间正与非，
> 行空天马在华为。
> 上穷碧落下纳米，
> 物质精神两袖挥。

可能因为我们都是教授，任正非那天主动谈了一些教育公平的话题，以及东西方文化等宏观话题。任正非的谈话恣意洒脱，华为设备覆盖了世界1/3的天空，所以我将其比喻为天马行空。白居易有"上穷碧落下黄泉"之句，表达唐明皇对杨贵妃的苦苦追寻，我觉得任正非对华为的挚爱不亚于此。在谈话中他说，华为集成电路的线条已经做到了世界领先的7个纳米级别，我也比喻他粗中有细、可粗可细。那天的谈话留在我记忆中最深的一幕是，当他说到不能让英雄吃亏时，左手一挥说"炸一个碉堡"，右手一挥说"给钱"；左手又一挥说"堵一个枪眼"，右手又一挥说"给钱"。宾主皆哈哈大笑。

2014.7

心、道、法、术、器

中国人常说"道"与"术",如果谈管理,当然有管理之道与管理之术,然而在管理上仅有道与术显然是不足的。前些年我提出了道、法、术、器,并作出了相应的解释,但依稀感觉仍然缺失了什么。因为没有刻意去想,一过多年,直至接触了禅、修了心(注意是修而不是学),再重新读了王阳明、曾国藩,深刻地感到在道之上还有心。道本来就高深莫测,玄之又玄,似乎至高无上了,但其实道由心生,道在心之内。之所以"道可道,非常道",是因为此道只在你心,此道只有你深知,说不清道不明,如一种爱在心中,很难用语言表达,但它却是真实的,也是外在可感知的,最终可证实的。

因此,那个依稀缺失的东西渐渐清晰了,我的中国管理五元素是"心、道、法、术、器"。心生道、道生法、法生术、术生器,而心能一以贯之,如心道、心法、心术、心器。

心:首先是心志,志有多高,天有多大。有志者,事竟成。成大业者必为有大志者。其次是心性,心性是以心善为基础的。在此基础上,必须有与成大志相应的心性,例如责任性,有强大的使命感和责任感;例如坚韧性,有百折不挠、屡败屡战的长期奋斗精神;例如包容性,所谓"君子和而不同""金无足赤,人无完人",成大业者必能容纳各种各样的人才,麾下高手如云。再次是身心,或曰身心灵,强大的心必须有一个强壮的身体作为支撑体，往往身弱则心弱，然而心也对身起作用，一颗强大的心放射出的激情亦足以使身体强壮，二者互为转化，但不可过于偏颇。身心之上还有灵，灵是精神信仰，往往因为有崇高的精神信仰，才有强大的心，因此，心灵二字往往连用。

道：有崇高的精神信仰，有强大的心灵，有强壮的身躯，有高远的志向，要成就一番伟大的事业，就要有"道"。道，首先是道路，道路是方向、是战略，方向如果错了，一切都是无用功，欲速则不达。其次是道义，《孙子兵法》中的"道天地将法"之道，就是道义，其解释为："道者，令民与上同意也。故可以与之生，可以与之死，而不畏危。"我之所以加了个"义"字，除了大义之外也含有义气之意，这在中国文化中非常重要。中国人如果批评某人"不义"，乃是致命的批评，所谓"不仁不义"，似乎不义比不仁更遭人唾弃。比如，梁山好汉可以不仁，但不能不义。最后是道德，那是一个团队所共同认可的价值观和所谓的信条与准则，比如"孝"是否重要，等等。

法：是大法、治法、章法。公司大法如国家宪法一样，是总纲，是总目标、总路线、总战略、总章法、总文化的表达，例如"华为基本法"等。治法是公司治理结构，说明公司的各种责权分配和相互制约关系。俗话说，"绝对的权力带来绝对的腐败"，在企业里，绝对的权力带来绝对的失败。即使是一人拥有所有权力的民营企业，老板如果能够建立合适的治理结构约束自己、制衡自己，就能够理性决策，避免很多失误。章法是公司的重要规章制度，尤其是决策机制、用人机制、财务制度。

术：是方法和技巧。在操作和执行的过程中是一定要有方法和技巧的。在不同行业，在企业不同的发展时期，在不同的地域文化环境下，方法和技巧又是不同的，正如"甲之良药，乙之砒霜"。术主要指三个方面：一是治人之术，二是理事之术，三是疏流之术。治人之术是管理人的技巧和方法，很多领导者是工程技术人员出身，对如何与人打交道没有任何经验和技巧，只是凭本色行事，还自诩"真"。殊不知"世事洞察皆学问，人情练达即文章"。理事之术是对事和物的管理，这时是所谓的对事不对人。例如对财的管理，对物的管理，对生产制造过程的管理，等等。疏流之术是指对各个职能部门、各个地区、各个产业部门的接口和分工合作之间的梳理。它已经不是"流"或者"链"了，而是网或者立体的网，进而发展到是一个生态圈，包括与外部各种关系的接口与相互作用。

器：是工具和硬件，所谓"工欲善其事，必先利其器"。器也可分三类：硬器、软器、仪器。硬器是指硬实力的展示。企业实力不是管理，但是善不善于展示企业实力是管理，是造"势"，所谓"不战而屈人之兵"，所谓"威慑"，就是硬实力和决心的展示。但它是以"大楼"和先进技术产品为后盾的，而不是诸葛亮的空城计。软器是指把管理之术工具化、软件化，从而不依赖于某个人或某些人。例如人力资源考评软件、客户关系管理软件（CRM），等等。仪器是指固定的、固化的企业仪式和工作仪式，其带有文化含义，但也是一种固化的东西。例如结婚不仅仅是领张证，还要办婚礼，而婚礼有一套固定的规格和仪式。

心、道、法、术、器是一脉相承、相辅相成的，是有系统、有逻辑的。我们到企业里调查咨询时经常看到企业的规章制度与企业文化理念是不一致的。心、道、法、术、器本身是一条流、是一张网，甚至是一个生态圈，而且是一个开放的生态圈。每个要素里面列举三点仅仅是说明，每个企业的性质、发展阶段、所在地不一样，其变化也可以不一样。西方的东西往往抠得太死太细，其应用的边界条件必然就很严格，应用空间相对就比较小。中国的东西博大精深，往往又太抽象。王阳明晚年把阳明心学总结成三点：一是心即理，二是知行合一，三是致良知。看起来很大很玄，但的确有用，世世代代培养了很多各种各样的人才。但中国的"心学""道学""理学"一般缺乏具象的法、术、器，因而普通人不容易学，因此更不容易大范围应用。故我等研究中国管理的学者们和实践者们应该摸索出一套既玄奥又易用的东西。

与同道们共勉之。

2014. 10

我心安在

禅宗史上有个著名的故事：达摩来到中国时，事实上是遭受冷遇的。一方面是由于他说话太直，没有得到梁武帝的好感；另一方面是由于他的理论没有得到中国佛教界和社会的理解与认同。于是他"一苇渡江"，在河南少林寺附近的山里面壁九年。这九年可以理解为他在修行，可以理解为他在等待时机，可以理解为他在深思如何在中国推广禅，可以理解为他在等待"愿者上钩"的徒弟。当时来了一位名叫慧可的人，他是后来的中国禅宗二祖，是中国人的第一个"祖"。达摩仍在面壁，不理他，不知是在定中出不来还是故意考验他，反正过了很久，直到冬天下大雪，雪埋到慧可的膝盖了，他还在那里苦苦等待。有一天，达摩他老人家或出定了，或动了恻隐之心，问慧可："你找我做什么？"慧可说："求心安。"达摩说："你的心在何处？你把心拿来我就给你安"，据说慧可因此大悟。我没有考证慧可是立即顿悟，还是后来苦思冥想渐渐悟了，抑或是长期苦思冥想后有一天有一个什么触动突然顿悟了。

我感叹达摩的中文水平如此之高，机锋如此之锐，教法如此之妙，寓意如此之深。达摩之问是启迪智慧的一种方法，是禅宗的拿手好戏。心是什么？心在哪里？这可不是一个容易回答的问题，而且越想越不容易回答。试图翻译出来向外国人讲明白就更不容易。也许达摩自己也没有搞明白，但这并不妨碍他成为一个伟大的导师，因为通过他的机锋之问你想明白了就行。心是变化的,心是多样的,你的心不等于他的心,你此时之心不等于你彼时之心。你的明白未必是他的明白,当你找到心的时候,已经不需要他来安了。

试着把"心"翻译成英文,至少有如下几种意思:Heart, Spirit, Mind, Ambition, Love, Soul, Mentality, Moral, Purity, 等等。《心经》被直译成 Heart Sutra。看 Heart Sutra,反而更容易看明白,但是失去了很多意味深长的东西。在中文里,"心经"的心是什么?儒家的"诚意正心"正的是什么心?禅家的"明心见性"明的是什么心?道家的"道心"是什么心?兵家的"心机"是什么心?"真心""虚心""爱心""平心而论""随心所欲""一心一意"之心又是什么心?心可谓是包罗万象的,但是在某时、某地、于某人,心是特定的,而且万象之中,心是核心。

通过分析归纳,我把心分成八类:心灵、心气、心性、心态、心意、心智、心力、心要。第一,心灵。心灵是物质的对应,心灵是对应客观的主观,是指非物质世界,是精神与灵魂,是 Spirit and Soul。第二,心气。心气是正气和志气,养浩然之气,立鸿鹄之志,是 Integrity, Ambition and Will。第三,心性。心性是性质与性格,是性本善还是性本恶,是性格与性情。所谓性情中人,往往是随心所欲的、不拘小节的、有个性的,但心地善良的,是 Nature and Characteristics。第四,心态。心态主要是对外部矛盾事物、纷杂环境的认知和把握,以及对自己情绪的把握,包括心境、心情、心绪,等等。有所谓的好心态,首先应当有好的心境,有好心境的前提是能够心静,此乃心之一切的基础。因此,心态是 Mood, Feeling, Mentality and Attitude。第五,心意。心意包含三层意思:心意、心愿、心爱。心意到深处是心爱,是对人的敬重、友爱、挚爱,是一心一意,是真心诚意,是全心全意,是 By Heart, Heartily, Heart and Soul。第六,心智。心智是思维模式和思维方法，也是智力程度。是"仁、义、礼、智、信"的智，是"智、信、仁、勇、严"的智，是 Wisdom。禅宗的机锋里、禅宗的转语中蕴含了深深的智。第七，心力。心力是由心而产生的、从心里体现出来的各种可以被感知的力量，例如责任心、包容心、敏锐心、忍耐心，等等。蒋介石退居台湾，把住宅之山草山改为阳明山，将住处命名为阳明山庄，就是为了从阳明中获取强大的心力。他的文胆陈布雷不乏忠心、不乏诚心、不乏智慧，但在心力上是不济的，因此在辽沈战役之后淮海战役之前因为失望和绝望自杀了。心力正好堪比后来西方流行的各种Power，可称之为Heart Power。第八，心要。心要即核心、中心。一个组织和个人在任何时候都有什么为重、什么为要的问题，有以什么为中心、为核心、为重心的问题。在诸多矛盾和问题中，什么是核心矛盾和矛盾的核心问题，搞清楚了才能"一针见血""一语中的"，化繁为简，化腐朽为神奇。因此，心要的英文就是Core。

王阳明在晚年把心学总结为三句话：心即理，知行合一，致良知。把这三句话归于心，是心灵、心力、心性。对于一个企业组织者而言，企业之心重要在于企业心灵、企业心气和企业心性。但是，这并非固化的，企业领导人只要有心，可以从企业的实际状态和阶段考虑，本企业的心是由什么要素构成的、什么是最本质的。

就企业家个人而言，"心"的面可能更宽一些，心态是根本的。从根本上说，企业组织之心是企业家个人之心的延伸和展示。个人之心此时此刻是什么心？不安的是什么心？如同慧可一样，只要知道了于你而言，心是什么，心在哪儿，就已经不需要人来安了。但是这并不容易。很多人甚至连想心的时间都没有，或者说根本没有心。

禅宗强调"不立文字，直指人心"，不提倡逻辑推理，不提倡理性分析，不提倡注意外部。达摩和慧可的问答其实什么也没有说清楚，但在一问一答中，问题已经解决了。禅学注重内在的、感性的、直觉的东西。谁也不能否认，禅宗有智慧，禅宗的智慧可以传承。听起来似乎不科学，但是，面对完全不确定的环境，进行完全创新性的工作时，没有经验参考、没有路径依赖、没有数据分析、无法逻辑推理，那不就只能如此吗？

因此，就论心而言，也可以是去逻辑、去理性、去外向的。尽管我分析归纳了八个心，于你而言，听完以后，还是可以抛开一切，视而不见，只问本心。这在科学上可称为融会贯通了、升华了。还是那个问题：你的心在哪里？达摩与慧可后面的两句对话是，慧可："我觅心了不可得"，达摩："我已经给你安心了"。

有学生问我：老师，八个心最重要的是什么心？我反问：你看呢？这问题问得好，的确是要找到最重要的心，此时此刻最重要的心，或是一生一世最重要的心。这问题也问得不好，因为这是你自己的问题。我已经为你们这样具有逻辑思维、理工科思维、科学思维的人解构了心，在用的方面，显然不需要八心，而是只问本心。你心只有你知。

组织是人的集合，是人就有血、有肉，就有心。"心外无法，心外无理，心外无事，心外无物"，不是主观唯心主义，而是客观的物本来存在，但于你而言未必存在。你能把握和改变的是自己的心，然后以强大的心力去改变外部世界，如王阳明、如曾国藩、如毛泽东，如古往今来的一切英雄豪杰。

2015.5

中国"关系"

在英文中,对关系通常有三种说法:Relationship,Intimacy,Guanxi。其中Guanxi就是中文的"关系"的拼音,其含义不太好翻译,只好音译,让人们自己揣摩,与中国佛经中的"般若""三摩地"等类似。在《柯林斯英汉双解大词典》中,对Guanxi是这样解释的:关系,一种基于互惠的中国社会思想,该思想认为关系比法律和协议更重要。其英文原文解释得好像更有味道:Guanxi, a Chinese social concept based on the exchange of favours, in which personal relationship are considered more important than laws and written agreements。

中文的"关系"到底是什么意思本文不想深究,本文主要想探讨关系管理。对于管理学者而言,既然有关系,既然关系很重要,就应该对关系进行管理。已有的CRM(客户关系管理)软件就是对客户关系进行管理的工具。其实非客户关系也要管理,认真想想,人生有比客户关系更重要的关系吗?这个问题其实是,有比客户更重要的人吗?客户关系需要管理,亲情关系难道不需要管理吗?友情关系不需要管理吗?人的一生在不同阶段,什么样的关系最重要?关系处理应该放在什么样的位置上?关系维系应该花多少时间?

曾国藩在日记里经常检讨自己与谁谈话花了太多时间,与谁下棋花了太多时间,但他一生写的诗词大多数是给朋友的,他的书信大多数是给亲人和朋友的。有人统计他一生为清朝培养（或者说提拔）了26位正部级干部、52位副部级干部。你说他花了多少时间在关系处理上？他与"老板"（皇上）的关系维护花了多少时间和精力？他的"秘书"赵烈文说他在与太平军作战时，真正花在打仗上的时间和精力只占三四成，处理与各种官僚的关系花了六七成。不管是否出于无奈，反正说明了关系很重要。

什么关系要维系，什么关系不能近，也是关系管理。有些关系一时荣耀，却可能为今后带来杀身之祸。据说张春桥在女儿结婚之前，与女婿深谈了一次，告诫他，要做好未来进监狱，甚至被杀头的准备，才敢娶他女儿，不要以为能够荣华富贵。

年轻的时候，我对关系的印象是负面的，当然更谈不上管理；后来，我思考中国管理，看到美国人研发出CRM软件，感到中国人对关系的重视没有落到"器"的层面上。现在，我深深地体会了什么叫做"世事洞明皆学问，人情练达即文章"。世界复杂，人的关系复杂，中国更复杂，要在这种复杂的环境中成就一番事业，关系的管理不可谓不重要。

最近看到一篇学术文章得出的研究结论是：人的一生，建立真正有效关系的人数不会超过150人。换句话说，我们一生中需要进行关系管理的人数最大值是150人。如何对这150人进行时间序列和人际关系类别以及重要程度的分类，并考量在人生不同阶段各种关系的权重，会是一个很有意义的研究课题。

忽然联想到孔子为什么弟子三千，而贤人只有七十？因为孔子也顾不过来了。虽然3 000人听过孔子的课，但真正与他走得近的学生也就70人。我好奇地数了一下孔子的"贤人"，历史上有名有姓记载的有子路、子贡、子骞、颜回、仲弓、冉有、季路、宰我……至多也只能数出77人（据司马迁记载）；我也认真地数了数王阳明的学生，王艮、冀元亨、王龙溪、徐爱、钱德洪……有记载的入室弟子不到10人；我也数了数我的几位老师的学生，因为自己就身在其中，真正能够建立长期的、有感情的、有效的关系的有几人？

联想到我个人的关系管理。作为老师，我的一生会有多少个学生真正认我做老师，我也真正认他们做学生呢？听过我课的学生只是广义的学生。按照现代研究型大学的教学工作量，一个教师一年要上三门课，如果平均每门课50个学生，20年累积起来就是3 000个学生。按照博士毕业进大学任教的标准年龄28岁算，如果每年带一个硕士生，到63岁"关门"，共35个；每三年招一个博士生，大概12个。当然，还有博士后学生。工商管理专业因为有MBA、EMBA学位，也要求写论文，也是导师制，因此学生会多一些。但是我想与我有真正师生关系的大约会有30—50人。一般而言，这是自然形成的和盖棺定论的。但是，既然研究"关系管理"，那么这种真正的师生关系也是可以被"管理"出来的，可以是有意识、主动的关系管理。我也想做一做试验。

放大而言，家庭（家族）关系、朋友关系、同事关系、上下级关系、利益相关者关系……都是值得管理的，都应该有一套中国式关系管理的"心、道、法、术、器"。

至于关系重要到什么程度，它是否比法律或者书面协议更重要，这并不重要。美国人对关系管理的研究比我们早、比我们深。当然，这仅仅是就"书面研究"而言的。

2015.7

篇二 Part 2
创业与创新

大众创造的大繁荣 / 创业者可以培养吗? / TCL的凝重三十年 / 咨询者的角色 / 洗澡思创新 / 闽商的第五次创业 / 中国创业梦 / 创业的国度 / 建设创业生态圈 / 美国大片的创新启示 / 中国软科学创新 / 知一书院缘起 / 朱子山水、现代师徒

大众创造的大繁荣

我们的朋友、2006年诺贝尔经济学奖获得者埃德蒙·费尔普斯教授最近出版了一本力作 Mass Flourishing，中文被翻译成《大繁荣》。Mass是双关语，有"大众的"和"巨大的"两种意思，如果翻译得啰唆一些，其意思应该是大众创造的大繁荣。《大繁荣》是费尔普斯教授大智慧的结晶。在这本书中，我们读到了他超越经济学的思考，读到了他的历史厚重感、哲学思辨性、社会责任心和对人类社会发展的深刻分析。

他在书中展现出一种看待国家繁荣的新视角。繁荣的核心是生活的兴盛：对事业的投入、迎接挑战、自我实现和个人成长。获得收入可以带来兴盛，但收入本身不属于生活的兴盛。人生的兴盛来自新的体验：新环境、新问题、新观察以及从中激发出来并分享给他人的新创意。与之类似，国家层面的繁荣——大众的兴盛——源自民众对创新过程的普遍参与。它涉及新工艺和新产品的构思、开发与普及，是深入到草根阶层的自主创新。由于错误的理解或其他目标的干扰，这种创新活力可能被制度约束或削弱，而单靠制度是不能创造活力的。大范围的创新活力只能由正确的价值观来激发，并且不能为其他价值观所冲淡。总之，发明与其背后的好奇心和创造性并不是什么新东西，而激发、鼓励和支持人们大规模参与发明的那些社会变革才是历史上的新事物，才是经济起飞的深层原因。

我试图用一句话来归纳费尔普斯教授的观点："一个国家的经济大繁荣

不是来自科学技术的发展,而是来自正确价值观指导下大众参与的、日常的、海量的各种创新。"重大的科技创新只是这些海量的日常创新中比较突出的少数而已,只是千千万万大众日常创新浪潮中几朵耀眼的浪花而已。例如,第一次工业革命时期,在英国,1762年由理查德·阿克赖特(Richard Arkwright)发明的水力纺纱机;1764年由詹姆斯·哈格里夫斯(James Hargreaves)发明的多锭纺纱机;1769年由博尔顿-瓦特公司(Boulton & Watt)改进的蒸汽机设计;1780年由科特-杰里科冶铁厂(Cort & Jellicoe)发明的生铁冶炼熟铁的工艺;1814年由乔治·史蒂芬森(George Stephenson)发明的蒸汽机车;在美国,包括1787年由约翰·费奇(John Fitch)发明的蒸汽轮船等。很多没有记载的细微进步加起来,它们对产出和工资的贡献可能远远超过上述那些重大发明,是不可忽视的海量创新。事实也是,所有的重大发明者几乎都不是科班出身的学者。阿克赖特是假发工人出身的企业家,哈格里夫斯是织布工人,史蒂芬森甚至不识字。

活力和创新是这几年来我不断从费尔普斯教授口中听到的关键词。我们在一起探讨了活力与社会体制、经济制度、国家文化、全球市场之间的关系,活力与创新的概念,活力与创新的逻辑关系,活力的量化检测方法,等等。根据费尔普斯教授的解释,中国正处于最有活力的发展阶段,绝不亚于19世纪20年代的英国和20世纪60年代的美国。中国的现象也符合费尔普斯教授的观点。退回几十年前,中国的"两弹一星"等重大科技成就并没有带来经济繁荣,而在改革开放正确价值观指导下的、大众参与的、海量的日常创新导致了经济大繁荣,也促进了科学和技术的发展。

我们还曾和费尔普斯教授一起探讨过国家中长期创新能力的定量化评价。在目前各种关于国家创新能力的排行榜上,很多小国名列前茅,例如瑞士经常位居第一,因为很多指标是用人均数据表示的。但是,对一个国家的创新能力的量化评价、什么用总量、什么用均值、什么用比重、什么用因、什么用果、前沿科技如何评价、大众日常创新如何评价，等等，需要更加理性的设计。更何况这些评价指标也还解释不了一个国家的中长期创新能力，例如，创新与制度性和文化性因素的关系。

  这几年有机会与费尔普斯教授这样的诺贝尔奖获得者密切接触、深度交流，是我们的幸事，这当然是建立在中国经济繁荣的基础上的。中国的经济繁荣吸引了费尔普斯教授这样的大师，他年轻时经历了美国的经济大繁荣，现在他走进了中国经济的大繁荣，也成为促进中国经济大繁荣的大众之一分子。我们马上要到纽约去参加费尔普斯教授80岁生日庆贺活动，祝愿他永葆学术青春！

2013.9

创业者可以培养吗？

对于创业者是否可以被教育和培养出来是有争论的。否定者列举的典型案例往往是比尔·盖茨，国内甚至有一种观点认为读书越多越不能成为创业家。国外有学者对这个话题做了严肃的学术研究，结论是学历的高低与能否成为创业家没有明显的相关性，因此不能以偏概全。

创业学成为一门学科，始于20世纪60年代，是美国开的先河。事实证明，美国的创业教育与美国的创业局势是相呼应的。美国有1 600所大学开设了创业学课程，有200多所大学开展创业学学位教育，有100多家创业研究机构。我专门查询了英国《金融时报》评选出的世界商学院排行榜"FT100"中的100强，其中有56所（美国31所、欧洲21所、亚洲4所）学院开设创业学学士学位教育，49所开展创业学硕士学位教育，10所开展创业学博士学位教育。我们调研了世界上各个学院开设的创业学课程，共有224门，可以分为22类。可见，创业学及对创业者的教育和培养在世界上已经相当普及和成熟了。

美国最典型的着力于创业教育的商学院是BABSON（百森）商学院和斯坦福大学商学院。在波士顿郊区的BABSON商学院在业内的名气很大，其整个商学院都定位于创业研究和教育，在创业学学科的排名中总是位居世界第一。在社会大众领域内，斯坦福大学商学院在创业教育方面的知名度最高。斯坦福大学商学院开设了21门与创业相关的课程，就连斯坦福大学的工学院、法学院、医学院、教育学院也都开设了1—3门创业课程。斯坦福大学校友创建的HP、Microsoft、Google、SUN、Cisco、Facebook、Yahoo等，都是在世界上如雷贯耳的企业。20世纪90年代，"斯坦福企业"的销售收入占到了硅谷的60%，成为硅谷发展的主力军。斯坦福大学的校长曾经两次离校创业；斯坦福大学商学院讲授创业学的一位教授曾经5次创业，其中2次失败、3次成功，其创立的最后一个企业上市时的市值达到15亿美元。

我坚定地认为创业者是可以被教育培养的。我首先参照的是军事教育，我们看到将帅是可以教育培养出来的，例如，美国的五星上将（在美国必须有战功者方可晋升为五星上将）几乎都是军校的毕业生。中国人民志愿军在朝鲜战场上的美军将领对手：沃克、李奇微、范弗里特、克拉克、麦克阿瑟，都是清一色的西点军校毕业生。在像军事那样对抗性强、变化多端、信息缺乏、科学性弱、知识性因素占比相对不高的领域里，都能够培养出优秀将帅，企业竞争的对抗性、变化性比军事弱，信息获取性、科学性、知识性都比军事强，因此，相对于军事而言，商学教育更应该能够培养出创业家和企业家。

我们看到商学教育与军事教育有不少差别，其中一个重要的差别在于，军事教育强调军人的政治素质、培养军官的国家责任感和荣誉感，例如西点军校的校训是"荣誉、责任、国家"。商学教育不讲政治，甚至不讲责任，着重于讲授如何获取利益的知识和技巧，缺乏精神性和灵魂性的东西。军事教育还着重于培养军官的人格，商学教育则全然不顾人格的培养教育。因此，培养和教育创业家，无论在任何年龄段上，都要进行创业家精神与责任感的教育和培养，都要进行人格的教育和培养。

尽管国家大力提倡创业，但是中国现在的学科体系中还没有创业学科，我们也没有建立起一套针对中国创业家的教育培养体系。虽然已有少数商学院开设了创业学课程，但仅仅处于初级阶段，能够教授创业学的教授也十分稀缺。今天的中国，不能仅仅照搬西方创业教育体系，而是应该根据西方的不足和中国的特点搞出自己的创业教育体系。我觉得在参考并改良西方创业教育知识体系的基础上，更要注重两个方面的内容：一是构建中国创业家精神，包括创业家境界、创业家责任、创业家人格；二是由教授和创业实践者共同构建理论联系实际的教育培养体系，包括创业智慧、创业知识、创业经验。管理学本来就是一门实践性很强的科学，培养创业家更不能仅仅在课堂上传授知识。对于培养对象而言，创业者的培养分为三个层次：即将创业的学员、刚刚创业的学员、度过生存期高速发展的学员。当然，还包括从前辈手中接过接力棒需要二次创业的学员。对于不同层次的学员，教育培养的内容显然是不同的。

中国需要从中国制造转为中国创造，中国需要以中国创业带动中国就业，中国经济的进一步成长需要具有创新精神的各行各业的创业者，中国社会的和谐发展需要具有强烈社会责任感的创业者，中国工商管理教育界有责任和义务培养千千万万个继往开来的创业者。我们期待着今天中国的创业企业二十年后能成为世界上如雷贯耳的标杆。

2012.1

TCL 的凝重三十年

——读《鹰的重生——TCL追梦三十年》有感

过年前收到TCL公司李东生董事长寄来的一本书——《鹰的重生——TCL追梦三十年》。尽管我对TCL的历史比较熟悉,读完还是感慨万千,余味无穷。

1992年,我有机会在惠州待了一段时间,近距离地观察了TCL。1998年,我在北京大学组建"中国企业管理案例工程"时首选的三个企业里就有TCL,我带着七八个学生在TCL调研了一个多星期。2002年,TCL在海南召开"二十年反思研讨会"时我是少数几个外部学者之一。2005年,在TCL国际化的艰难关头,我写的一篇《不容失败的TCL国际化》曾被广为转载。我非常关注TCL的足迹,把它当作中国企业的典型。事前我也听吴晓波说过他正在组织撰写TCL三十年的书,他与李东生董事长在千岛湖有过数日的长谈,拿到书后我在几天的空余时间内就把它认真地读完了。

从2011年开始,在改革开放中诞生的中国企业将陆续迎来三十周年纪念,TCL拉开了这个序幕。1981年为生产录音带而在广东惠州注册成立的小小公司在三十年中历经风雨成就了今天的TCL。诞生于1982年的新希望,1984年的海尔、联想、万科,1987年的华为、招商银行、娃哈哈,都将陆续面对自己的"三十而立"。尽管通过比较数据,我们发现华为的三十年似乎不如思科的三十年,联想的三十年似乎不如微软的三十年,TCL的三十年也不如什么什么的三十年……但要知道，它们是在成熟制度环境下的三十年；而中国企业，是在改革争论中诞生，在市场缝隙中发芽，在法治与人治的交织中前行，在计划经济与市场经济的博弈中成长，在国际规则与中国潜规则的切换中徘徊，这就是TCL和改革开放后中国企业的历史背景。中国企业界流传"剩者为王"的说法，能够存活三十年的企业实属不易，还能长成大树则更为艰难，剩者寥寥。

在TCL遭到国际化重创之后，李东生写了一篇《鹰的重生》的文章，流传甚广，TCL三十周年纪念之书也以此为名。这是一笔浓浓的悲壮，是一种深深的励志，它讲述了鹰在四十年后有一个打掉喙、拔掉毛、磨掉爪的重生过程，为的是再活下一个精彩的三十年。命运是不可选择的，做鹰不易，但如果是鹰则别无选择。我更加觉得TCL的悲壮，更加体会李东生的孤独。TCL购并汤姆逊的最终代价是其有史以来的利润之和，可以想象其决策者的心中之痛。任何个人或者组织都会经历失败和挫折，能够从失败和挫折中吸取教训、重新奋发图强的组织才是一个成熟的组织。TCL熬过来了。2010年，TCL的销售收入和利润又重上历史新高；2011年，TCL的销售收入达到近六百亿元，利润接近二十亿元。这只鹰已经重新飞翔了，当它再次遨游世界的时候，此鹰已非彼鹰。

作为管理学院的教授，如果要我从TCL的三十年中提取两个管理名词，我会说是营销策略和企业文化。TCL从大屏幕彩电切入竞争已经十分激烈的彩电市场，后来又以"光屁股PC"切入个人电脑市场，以宝石手机切入手机市场，都大获成功。TCL的品牌、渠道、销售管理都可圈可点。而TCL的企业文化则是三十年的主线，"成也文化，败也文化，重生也文化"，李东生对企业文化的认识和重视在中国企业家中堪称凤毛麟角。如果在TCL的三十年中提取两个关键性事件，我会说是产权改革和国际化，甚至放大到整个中国企业发展的三十年，我认为TCL的产权改革和国际化是无论如何都不可忽略的重大案例。作为曾经的地方国有企业，TCL的产权改革设计之完美、执行之卓越、结果之圆满，是中国企业历史上为数不多的精彩案例，是优秀中国企业家和优秀中国政治家的联袂之作，是中国智慧的经典体现。TCL的国际化作为案例教学的价值几乎无法估量，其过程中的欲罢不忍、进退维艰、惊心动魄、百般无奈，令人回味无穷。TCL与汤姆逊的签约地点在法国总理府，签约时胡锦涛主席和法国总理站在后排见证，却不料后来的结局如此不尽如人意。世上没有后悔药，但是有"失败是成功之母"之说；战场上没有不败的将军，却有经过失败历练的伟大将帅。

在TCL的国际化教训中，我深刻体会到了"凝重"二字。如果TCL三十年的经验和教训付出了三十个亿的话，那么本书共三十万字一个字就值一万元，此话真不为过，这种教训的价值不发挥实在太可惜。书中的人物之一严勇曾经对我说过，他碰到问题时经常会想起当年在哈佛课堂上的案例讨论，而现在我希望进军国际市场的中国企业家好好读读TCL的案例。

在一次次翻书的过程中，我一遍遍地看着封面上似乎熟悉但又不熟悉的李东生，脑海里闪现出两个词——"坦然"与"深沉"，然后我把两个词连在一起，成为坦然的深沉，感觉非常贴切。对于伟大的将帅而言，每一次失败都孕育着下一次更大的成功，我们有信心期盼TCL的下一个成功，尤其是一个国际化的巨大成功！

2012.3

咨询者的角色

理论与实践之间，常常有很大的鸿沟。我们经常遇到管理理论工作者和实际管理者坐下来话不投机的状况，两者有时需要一个桥梁，这个角色主要由咨询公司承担。当北大纵横的创始人王璞找我为他的新书写个序时，我就一直在想咨询公司的角色、北大纵横的角色和王璞的角色问题。

北大纵横注册成立于1996年，据说当时工商管理部门甚至不知道如何界定公司的业务，尽管头戴北大光环，王璞们还是经历了艰难的起步。由于工作关系我对北大纵横的早期历史有某种程度的参与，后来则仅仅相"望"于江湖，但仍然关注着他们的成长，对于他们今天的成就深感欣慰。

纵观今天中国的管理咨询市场，国际上几乎所有著名的咨询公司都在这里分一杯羹，如麦肯锡、波士顿咨询、科尔尼、罗兰贝格、毕博、埃森哲、布兹·艾伦、安永、安达信、IBM，等等，国内企业则由北大纵横、华夏基石、和君、新华信等领军，同时也活跃着数千个中小咨询公司。这个事实充分说明，中国的管理实践需要咨询公司，中国的管理需要一个从理论到实践的桥梁。另外，在中国市场高速成长的背景下，中国的咨询需求完全可以支撑起几个本土大规模的咨询公司，就像中国市场支撑起来的几个大汽车公司、大家电公司、大电信公司、大金融公司一样。我看王璞就有这样的决心，我也相信他能够做到。

咨询是什么？咨询是一种价值提升；咨询是一种学习过程；咨询是一种

生活方式。咨询首先帮助了被咨询的企业，据说某国际著名咨询公司的自我要求是，"被咨询公司的收益应该是咨询费用的十倍以上"。我觉得这只是一般的要求，用祖宗的话说，如果"与君一席话，胜读十年书"的话，你说收益会是多少倍？当然，这不是一般咨询公司能够达到的境界。

咨询对双方而言都是一个学习的过程：对被咨询方而言，咨询的过程就是一个自我剖析和自我升华的过程；对于咨询人员而言，每一个项目都是不同的哈姆雷特，咨询人员在咨询过程中的学习提高特别快，他们可以在几年时间内深入接触几个甚至十几个典型的案例，这绝不是在课堂上浮光掠影的讨论，而是实战中真刀真枪的历练。对于有潜质的咨询人员而言，他们会很快地经过这些历练而走上真正的企业领导岗位，所以国外著名咨询公司把离开的咨询人员也像学校的毕业生那样称为"校友"。据说世界著名的大公司一把手有不少是麦肯锡的"校友"。在国外的一流商学院中，毕业生最好的去处往往是咨询公司。

咨询对于真正投身于这个事业的人如王璞等而言，则是一种生活方式，就像教师、艺术家等把自己的职业当做了一种生活方式，他们从不厌倦、无比热爱自己的职业，他们活着就是为了干这件事。当他们吸收知识、创造知识、应用知识，让知识创造价值、让知识改变企业甚至改变世界时的那种快乐，成为一种极大的精神享受，这种享受不是用金钱可以满足与衡量的。

咨询公司的主要任务是吸收和应用现有的知识成果对特定企业的问题提供解决方案。反之，也可能在实践中总结归纳而形成理论，例如BCG矩阵、7S框架等。我认为对于管理理论的学习，要经过生搬硬套、熟能生巧、融会贯通、推陈出新四个阶段，就中国现状而言，我们对西方管理知识的学习和吸收已经过了生搬硬套、熟能生巧的阶段，到了融会贯通和推陈出新的阶段了。这个任务有待学者、咨询师、企业家的共同努力。东方儒释道文化背景下的企业管理和西方基督教文化背景下的企业管理一定有所不同，这一点在中国已经有了很大的共识，我在与西方一流学者和世界一流商学院院长交流时也经常触及这个话题，常常得到他们的认同，在中国这样一个历史悠久的国家里，应该有自己的企业管理、社会管理、国家管理模式和理论。我作为管理学教授，希望包括北大纵横这样的中国咨询公司，也能够有志于这个事业，而不仅仅是应用现有的知识。

王璞是北京大学光华管理学院的首届MBA学生，是中国MBA教育的典型代表之一，他领导的北大纵横注定不能平庸，他背负着中国咨询行业的历史使命。麦肯锡咨询公司的创始人詹姆斯·麦肯锡曾经是芝加哥大学的教授，我希望北京大学学生的成就能够超越芝加哥大学的教授。那时，王璞们站在这座桥梁上将看到无限的两岸风光。

2012.4

洗澡思创新

史书记载，商朝的开国皇帝成汤在洗澡盆上刻着"苟日新，又日新，日日新"的警句。成汤每洗一次澡，就提醒自己思考一次如何"新"的问题，可见3 600年前中国的皇帝多么重视创新。今天，中国国家领导人又提出了要建立创新型国家的要求，创新成为中国的热点名词。

创新是什么？是一种结果？是一种能力？是一种习惯？是一种文化？

熊彼特在1912年提出了著名的创新理论，在市场经济的语境下，创新主要是指技术产品化和市场化的能力，是把技术发明创造、转化成经济价值的能力。根据中国自己的一份非常严肃的研究报告，中国在34个国家的创新能力排名中名列第23位；在世界上两个著名的创新力排行榜上，中国排在第21位和第50位。从当今技术产品化、产品市场化的角度看，中国的创新能力并不高。

但是，我并不认为中华民族是创新能力不足的民族。从历史长河来看，创新并不仅仅是技术创新和技术经济价值化的能力，而是全面创新的能力，例如文化创新、艺术创新、思想创新、社会制度创新，当然也包含技术创新和产品创新。如果我们把创新的范围扩大，把时间拉长到500年、1 000年、2 000年、3 000年来看，中国是否具备创新能力？京师大学堂的第一任教务长美国人丁韪良在1901年就说，其实中国历史上经历了很多的创新，只是不为西方人所认识。一个能够延续几千年文明的民族、一个长期走在世界前沿的民族，不可能不具备创新能力。从历史的角度看，一个民族最根本的创新是文字和文学的创新。中国甲骨文被创造的年代至今未有考据，但找到的那批文字记录是在公元前1300年。德语最早的记录是在公元前5世纪，英语是在公元5世纪，俄语是在公元10世纪。如果把诗歌作为文字成熟的标志，那么中文是到李白、杜甫（公元7世纪），英文是到莎士比亚（1564—1616），德文是到海涅（1797—1856），俄文是到普希金（1799—1837）时代成熟了。

中华民族的创新力如何？中国古代的文字、算术、天文、青铜器、铁器、瓷器、印刷术、造纸术、火药、指南针、丝绸、中医、中药，等等，都是自主创新的。中国的宰相制度、郡县制、家族制度、科举制度、国有企业制度，水利、桥梁、道路交通（驿站），等等，都是自主创新的。并且，那时中国乐于被别人借鉴和学习。

当然，一个历史悠久的民族，可能由于历史的创新太多而厚古薄今，一个在当今经济落后的民族，可能由于学习而导致邯郸学步，但瑕不掩瑜。在开放的国际社会中，当我们看到有新的东西在我们前面时，最好的方法就是学习。当我们走在前沿的时候，当我们无处可学的时候，就必须创新。

我认为创新有三个层次：基础性创新、支撑性创新、应用性创新。基础性创新是指文化创新、社会制度创新、重大科学理论创新；支撑性创新是指技术创新、产业创新、组织创新；应用性创新是指产品创新、市场创新、商业模式创新、管理创新等。文化创新和制度创新是最根本的，例如就中国的改革开放而言，没有思想观念的转变和社会基本制度的转变，其他的创新都不可能产生。

在改革开放的第二个三十年里，如果中国形成深入人心的创新文化价值观，如果中国探索出中国特色的社会主义制度，如果中国的科学技术走在世界前沿，如果中国建立起在这三个基础性创新之上的支撑性创新和应用性创新体系，中国就是当之无愧的、经得起历史检验的、长期性的创新型国家。

最后，让我们期盼我们伟大的祖国在几千年文明的基础之上日新月异！

2012.5

闽商的第五次创业

我刚刚参加了家乡福州市人民政府主办的"福州论坛——创业与创投2012",感受到了家乡政府对创业与创投的重视,感受到了创业与创投界贵宾云集、高朋满座的盛况,更感受到了家乡创业文化的源远流长。

福建的地理特征是"八山一水一分田"。这种地形限制了农业发展,导致福建地区历史上长期依赖其他省份的粮食输入,远距离的粮食贸易刺激了闽商的兴起和发展。同时,海岸线上众多的良港为远洋贸易提供了得天独厚的条件。各方面因素的综合影响,形成了福建地区浓厚的商业氛围,也使得闽商在长达一千多年的时间内成为中国重要的商业力量。

在唐代,福建商业在全国已有举足轻重的影响力。五代十国时期,是福建商业奠基的重要阶段。"开门节度"的王审知,在福建民间被称为"闽王",在他执政福建的二十九年间福建商业尤其是外贸有了长足发展,也开启了海外贸易作为国家财政支柱的先河。此后,闽商的创业在宏观上可以分成五个历史阶段:第一阶段起于宋代,第二阶段是郑和下西洋至清中期,第三阶段是晚清到民国,第四阶段始于三十多年前的改革开放,第五阶段则是从现在开始的未来三十年。

闽商的第一次创业始于宋朝,尤其是南宋。两宋时期推崇和重视商业,福建的国内外贸易都得到了空前发展。"闽商"和"闽船"这些词汇也正是从这个时期开始出现的。宋朝的版图比较小,无力控制西域。陆地的"丝绸之路"被战乱阻隔,于是重点发展"海上丝绸之路"。同时,宋代财政负担沉重,既有大批冗员,还要支付辽金等国的岁币。南宋时期,国土面积萎缩了约三分之一,财政开支却居高不下,通过发展海洋贸易维持财政运转就成为执政者基本的指导思想。闽商抓住这一时机,大力开辟海上的新航线,将贸易范围拓展到从东北亚直至中东和东非海岸的广大地区。海洋贸易的发展带动了造船技术的提高。这一时期,福建的船舶制造驰名中外,其中以"泉舶"最为有名。南宋末年,泉州已经发展成为全国第一大港,是"海上丝绸之路"的主要起点。

闽商的第二次创业始于郑和七下西洋,中国大规模的海外移民是从郑和下西洋开始的。郑和下西洋后的六百多年时间里,闽商不仅远赴重洋而且扎根海外,推动了华人在世界各地的分布。郑和船队每次出国前都在福建太平港长时间停泊等待季风,而且船中的水手和翻译大部分来自福建。远航大大拓展了福建人的视野,很多福建人漂洋过海之后,逐渐熟悉外国并扎根当地创业。据学者考证,闽南人是到达印度尼西亚最早的华侨移民,马来西亚华侨中以福建人为最多。此外,菲律宾、缅甸和新加坡也都是"福建帮"占多数。

闽商的第三次创业是从晚清到民国。福建曾是"反清复明"的重要根据地,清朝政府对福建给予严厉的打击和报复,使其成为"迁界禁海"的重灾区。整个福建沿海成为无人区,但是闽商的创业热情并未被击垮。海禁结束后虽有恢复,程度却有限。晚清时期,闽商的创业热情再次迸发。创建于1866年的马尾造船厂和马尾船政学堂,虽然名义上只是中国第一所近代海军学校,但由于兼顾造船和航海,船政学堂的专业设置相当广泛,已经可以称得上是国内第一所理工类大学。比较遗憾的是,马尾船政学堂没有能够传承下来,否则中国高等教育的历史可以提前三十年,早于天津的北洋学堂。船政学堂招收的第一名考生就是翻译大家及北京大学首任校长严复,此外还有"铁路之父"詹天佑等诸多名人。到民国时期,闽商的主要代表人物是陈嘉庚、胡文虎、李光前。

闽商的第四次创业起于20世纪80年代的改革开放。改革开放之前,福建经济底子相当薄弱,在沿海省份中属于发展滞后地区。经过三十余年的发展,福建不仅在整个中国的经济发展中留下了浓墨重彩的一笔,而且形成了以陈发树、曹德旺、黄如论为代表的新闽商群体。他们不仅事业有成,而且在公益事业领域全国领先。

闽商的第五次创业是从现在开始的未来三十年。当前的形势已经开始倒逼我们转变经济增长方式,调整经济结构,支撑改革开放时期经济高速增长的各种红利正在逐渐消失或者趋向尾声。在这样的环境下创业,就更需要有创新的精神。这一次创业具有五个主要特点:

第一,创业更加理性、更加主动,而不是出于生存的压力和需求。改革开放之初,创业群体多数是当时的个体户,创业的动机无非以养家糊口为主。现在的创业者从动机这个角度来说,更多的是因为要实现人生价值或者受某种理念所驱动。根据我们在全国范围的调研,二代创业非常明显。现在浙江的青年企业家中70%是第二代,在福州则是30%。还有很多学生放弃了很好的职业前景,主动地选择创业。

第二,创业更依赖于创新,而不是模仿。创业和创新,是两个难以分割的话题。只有通过创新使自身具有某种优势,或者开拓一个崭新的领域,才能迅速实现自身的发展,创业才能事半功倍。对于创新的重要性,国家已经有了很清晰的认识。中央提出要建设创新型国家,就是基于这样的战略考虑。很显然,新的形势要求闽商必须继承和弘扬几千年以来的冒险与开拓精神。

第三，中国经济已经融入了全球经济之中，全球化长期来看是不可逆转的趋势，那么创业者也就必须具有国际化的视角和思维方式。产业结构的升级也好，中国企业走出去也罢，都必然是在全球化背景和垂直分工继续存在的条件下进行。同时，创业的主体是闽商，但是创业的地点未必是本土。改革开放时期，我们更多的是输出产品和资源。经过这几十年的积累，中国的输出将会从产品逐渐向资本转变。在这样的情况下，创业的地点将可能转移到东南亚或者欧美等地区。

第四，在本轮创业中，创业者必须和创投进行紧密结合。只有如此，创业者才可以迅速把握机遇，在瞬息万变的市场中站稳脚跟并发展壮大。了解资本市场，通过资本运作获得助推，也是一个成功的创业者必须具备的素质之一。

第五，社会的进步对企业家的社会责任感提出了更高的要求，整个社会氛围和政策导向已经要求创业者不仅要能够实现个人的成功，同时还要成为富有责任感的企业家。

创新是中华民族五千年来赖以生存和发展的根基，在当今市场经济的条件下，创业是一个国家、一个地区、一个企业甚至个人创新的一种重要方式。由于现代资本市场的高度发达，没有创投的支持，创新和创业多数情况下都走不远，所以说，"创业维新，创投致远"。我期望福州"创业与创投论坛"越办越好，福州也将发展成为未来国际化的创业与创投高地，实现闽商在新时代的再次辉煌。

2012.10

中国创业梦

习近平主席说的中国梦是与实现中华民族的伟大复兴画等号的,但"中国梦"比"实现中华民族的伟大复兴"更得到了人民的认同,更便于理解和传播。我上百度搜索了一下"中国梦",显示有9 810万个网页。习主席是2012年11月29日在国家博物馆参观《复兴之路》展览时非正式提出"中国梦"的,至今只有半年左右的时间。我也在百度上搜索了"中华民族伟大复兴",显示有735万个网页。考虑到"中华民族伟大复兴"是江泽民总书记1999年在新中国成立50周年之际代表党中央正式提出的,至今已经有14年的时间,而"中国梦"的提出只有半年时间,因此将这两个数据进行比较是很有意思的。在"中国梦"被提出的20天后的2012年12月20日评出的中国年度汉字中,"梦"字入选,可见"中国梦"的民意基础和传播冲击力。这一次韩国总统朴槿惠访华在清华大学的演讲中也提到中国梦,她说中国梦和韩国梦是结为一体的,韩国与中国共同分享的梦将是美好的,说明朴槿惠总统对中国民意的用心和了解。

"中国梦"是国家和民族的梦,但也给所有的中国组织和公民在实现中国梦的过程中实现自己的梦,或者通过实现自己的梦而助力于中国梦的实现留下了想象空间。作为中国的管理学教授,我也要想一想我有什么梦,不仅与我个人有关,也与国家和民族有关。由于我正在从事创业教育,自然而然我就做起了"中国创业梦"。当然,严格地说应该称之为"中国创业教育梦",或者首先是"中国学历学位创业教育梦"。

在本科设立创业专业是毫无意义的,但可以营造创业的文化氛围,培养学生的创业意识,在硕士层面的培养则是十分必要的。美国的工商管理教育有110多年的历史,欧洲有60多年,中国有20多年。教育界对工商管理教育或者说商科教育的认知也经历了一个很长的过程,例如欧洲是现代工商业的发源地,但在美国进行了半个世纪工商管理教育后欧洲才开始认可和跟进,欧洲的老牌大学们还抵制了30多年,例如剑桥大学的商学院成立于1990年,几乎与中国的商学院同时起步。有800多年历史的牛津大学则更晚,其商学院于15年前在5 000多名身穿黑色长袍的牛津教授们的反对声中成立。毫无疑问,工商管理教育主要是培养职业经理人的,美国一年培养15万名MBA学生,中国一年培养4万多名MBA学生,其中的创业者数量很少。我最近在几个中国一流商学院调查,MBA中创业者只占3%—5%。我记得10年前北大MBA班中创业者的数量有10%左右,现在反而下降了。显而易见,常规工商管理教育的入学考试、课程设计、培养方法等都不适合创业者。

例如,跟所有的硕士、博士考试一样,我们的MBA全国统考要考英语,及格线今年是41分,其实考40分、50分跟不会英语没有什么差别,还花了很多时间。中国的外语考试是一种典型的崇洋媚外,即使尽量去理解它的存在价值,可能是考你够不够聪明,或者隐含着考你是否够国际化,从外国文化、科学中获取知识和信息的能力是否够,但这仍然没有意义。反正,如果培养创业者,考外语是十分荒唐可笑的。我们也很难想象美国MBA要考外语:中文?德文?拉丁文?我的一位创业学生自己外语不好,出国总是带两位翻译,一位英语翻译、一位出访国语言的翻译,例如德语或者法语。江湖上也流传着一个笑话,有人在市场上买鹦鹉,看上了一只,会说话,卖者要价1 000元。买者又看上了另一只,卖者要价2 000元。问何故?答曰:会两种语言。买者又问另外一只，卖者要价8 000元。买者惊问："会八种语言？"卖者答："否，只是因为那几只鹦鹉都叫它老板。"我不知道考外语的陋习何时能改，是否要等到中国梦实现以后才能改，但创业者教育无论如何是不应该考外语的。

创业者的教育培养体系应该有别于MBA教育，根据创业者的需求而设计。我认为，创业者的培养内容主要有五个方面：创业环境理解、创业知识学习、创业素质培养、创业经验获取、创业技能训练。传统的MBA教育主要集中在管理知识学习方面，仅仅由管理学教授课堂讲授的教育方法已经大大不适应形势的发展了，例如，在对环境的理解中，有对国际环境、国家环境、区域环境的理解，有对政治、经济、法律、技术环境的理解，有对不同产业环境的理解，对一国文化、历史、哲学的理解，等等，要有其他学科的教授、优秀的政府官员、企业家参与讲授。创业素质培养则要用军事院校培养军官的方法来培养。创业经验的获取要用案例教学的理念和方法。创业技能训练主要由有创业经验和能力的企业家主导。通过想象谁都能推测，如果都是由没有任何实践经验的教授在教室里教如何创业，创业教育是不可能成功的。

中国有多少创业者？有多少准创业者或者梦想创业者？中国一年能够培养多少高水平的创业者？中国现在一年培养50万名硕士、7万名博士，我们能否培养1万名创业硕士？世界一流商学院中已经有56家有创业硕士或者博士的培养项目，我的中国梦是建立一套中国创业者教育培养体系，助力国家的"中国梦"的实现。

2013.7

创业的国度
——感受以色列

6月2日,我们到达耶路撒冷,上午与《创业的国度》的作者索尔·辛格先生见面,听了他的演讲并进行了讨论。《创业的国度》被翻译成27种语言,由总统作序,被誉为"以色列的名片"。据书中统计,以色列是全球人均获得风险投资最多的国家、人均创业公司最多的国家。在2010年被中国超越之前,以色列一直是美国之外在纳斯达克拥有上市公司最多的国家,共有64家上市公司。

索尔·辛格先生在《创业的国度》里写道:创业精神是经济体"进化和再生"的主要动力。国家的长期发展必须依靠创业公司天生的创新特质,而独立创业家似乎成了以色列的国家标志。索尔·辛格先生说,正是企业家的执着创业将以色列从一潭死水变成了高科技的动力源。在过去的20年里,以色列的高科技行业贡献了16%的国内生产总值和40%的出口额。这些高科技企业并不只是依赖狭小的本土市场的企业,而是走向了世界。

在以色列,可以列举出一大堆在集成电路、光传输存储技术、电动汽车、生命科技、医疗科技、农业科技、网络技术、人工智能等方面的创新公司。最近,《福布斯》评选出全世界10家改变世界的医疗公司,其中有6家是以色列的公司。在以色列,不断有某公司被跨国公司用几亿美元或几十亿美元收购的消息出现。

下午，我们参观了以色列顶尖风投机构JVP（Jerusalem Venture Partners，耶路撒冷风投合伙人基金）。在JVP，接待我们的两位合伙人看上去很平常，但都是把公司卖了几亿美元之后来当投资人的。我们还参观了希伯来大学，校长本·萨松教授为我们作了演讲并进行了答疑，后来我们在高处观望了耶路撒冷城。

联想到马克思、爱因斯坦、弗洛伊德等都是犹太人，是否可以认为以色列人特别聪明，所以特别能创新？对此索尔·辛格先生认为，以色列人的创新能力不是因为人们通常认为的"犹太人很聪明"，而是有着其他深刻的原因：一是不拘俗礼和敢于挑战权威的文化习俗；二是对环境的适应能力和对新领域的开拓精神；三是对教育的重视和对精英教育的投入；四是拥有跨学科知识面的人才和把各种知识"混搭"进行创新的能力；五是积极的移民政策给国家带来了有冒险精神和专业知识的人才。同时，以色列社会对创业失败者十分宽容，也鼓励了创业的氛围。索尔·辛格先生介绍，以色列人创业失败的概率有80%—90%，即使那些成功创业家也是从失败中走出来的，最后获得成功的可能并不是最初的想法。

对于以色列之所以能成为"创业的国度"，我结合我们的创业者教育和扶持措施，也有三点感受。

首先，以色列建立了良好的创业生态圈，由于国土狭小、人口少，这种生态圈的效应就更显著。

我看了各种数据，以色列的创业公司约有4 000家，平均约2 000人就有一个人创业。以《创业的国度》中列举的2008年的数据，以色列人均风险资本是美国的2.5倍、欧洲国家的30倍、中国的80倍、印度的350倍。以色列形成了创业者、投资者、政府、教育机构、资本市场、收购者、传媒、军事机构（特殊要素）这一完整的生态圈。但这一生态圈中其实也不过区区4 000

家创业企业。

我记得在中国科技部举办的2012年首届中国创新创业大赛中，报名的企业就有4 000家，分布在全国28个省、市、自治区的108个各种园区里。我们的创业者众多，但小的创业生态环境的确不如以色列。

我拿起笔算了一下，中国一个有规模的创业学院在10年中可以培养出4 000名学生，如果每个人都是创业者，就堪比以色列。但是，这4 000人能够取得以色列那4 000人的成就吗？如果中国在一个局部建立创业生态圈，能够堪比以色列吗？

其次，以色列的军事教育给我留下了深刻的印象。

在与希伯来大学校长会谈时，他提到希伯来大学之所以优秀，主要是因为学生优秀。根据以色列的义务兵役制，男性必须当兵三年，女性两年；兵役结束后，青年男女们一般会去周游列国一年，再回来上大学。因此，希伯来大学的学生既成熟、有明确的学习动力和目的，又因为受到军事训练而更加富有责任感和团队精神，还因为游历了世界而视野开阔。

最后，犹太人顽强的复国精神、民族精神，给我以强烈的震撼。

犹太人有2 000年被驱逐的历史，2 000年没有祖国和土地；在第二次世界大战中，约670万犹太人被屠杀。这导致以色列在四面敌意中顽强复国，800万人口的以色列居然敢于直面8亿人口的20多个周边阿拉伯国家。在1948年，以色列建国初期，以色列人均生活水准仅相当于美国19世纪初的生活水平——"发配给券，一周一个鸡蛋，还得排长长的队"是当初踏入这一国度的移民的共同记忆。然而，到2007年，以色列人均GDP已经在3万美元以上，成为当今世界上公认的经济、军事和科技强国。

把犹太民族和中华民族相比，我感慨良多，中国的创业者教育，首先要有中华民族的精神，这种精神是历史传承在今天的表现。

希伯来大学是在以色列建国之前二十多年就创立的，要求用希伯来文教学，而当时对于没有祖国的犹太人而言，希伯来文只是宗教用语。我们可以想象，他们用希伯来文来做大学语言，以色列建国后又成为国家现代官方语言，其间需要付出多大的努力。而我们中文则源远流长，古文、唐诗、宋词、元曲、明清小说、现代白话，一路灿烂辉煌。我们的创业者不能只把中文当作沟通交流的工具，更要珍重这种文化传承。

欲学诗，功夫在诗外；欲创业，力在创业外。

2014.6

建设创业生态圈

2014年9月10日，李克强总理在第八届夏季达沃斯论坛开幕式致辞时表示，要掀起"大众创业""草根创业"的热潮，号召"人人创新""万众创新"。由此，中国政府对创业的重视全球瞩目。

9月19日，阿里巴巴公司在美国纽约证券交易所上市，创造了筹资250亿美元的IPO新高，打破了纽交所历史纪录，第一个股票交易日市值超过2 300亿美元，成为世界第17大公司。在杭州，数千名阿里巴巴员工身穿IPO纪念T恤，上面写着："梦想还是要有的，万一实现了呢？"杭州，成为成千上万网络千万富翁的诞生地，演绎了中国草根创业的神话，呼应了李克强总理的号召。

中国有强大的政府市场，也有巨大的13亿人口的民间市场，鼓励全民创业，鼓励草根创业，必须有发育充分的市场、健全的法律体系、公平的交易规则、合理的监管机制，等等，这些方面都有待于进一步完善。更重要的是，需要全社会共同建设一个良好的创业生态圈。

中国现在已经有1 527.84万家企业，其中1 169.87万家是中小企业，还有4 436.29万家个体工商户，以及1 124万家个人网店。依这样的数据，中国的中、小、微、个体四类企业数达到了6 730.16万家，如果以中国城市化率50%计算，城市人口中几乎已经有1/10的人在创业。

最近我去了一趟我父亲家亲戚比较密集的城市，惊奇地发现，在那座城市的8个亲戚家庭里，5个家庭里都有创业者，其中我的一个外甥女在用微信营销化妆品。我在这个城市里参加了一所中国著名民办大学的二十周年校庆，学校创办人自豪地告诉我，他们学校的毕业生自主创业的比率高达30%。

创业，是敏锐地发现某种社会需求，（无论是用更新的技术、更低的成本，还是更好的服务、更独特的商业模式，等等），比竞争对手更好地满足这种需求。有越多的创业者，就说明有越多的社会需求被满足，有越多的人被服务了。计划经济时代"为人民服务"的理念在市场经济制度下被较好地实现了。因此，任何创业都有社会价值，而且创业的成功导致社会阶层的纵向流动，有助于社会稳定。

创业当然可以轰轰烈烈如马云、马化腾，也可以开一家小店，精心做好一种小吃，甚至世世代代做好一种小吃。如我老家福州的"又一"鱼丸，天天都要排队才能买到。创业是一种价值观，创业是一种生活方式。

创业需要有良好的生态环境。我认为这种生态圈可以由七种要素组成：创业者、投资者、政府、资本市场、创业舆论、创业教育、创业国际网络。我是教育工作者，所以我把创业教育摆在中心，其他要素摆在六个角上，形成一个正六边形，用线连上形成一张网。当然，属于任何要素者都可以把自己摆在中间，例如创业者可以把自己作为核心，与其他六要素互连。总之，所谓"生态"绝对不是由几个简单的要素决定的，一个国家和民族真正能做到"大众创业""草根创业"，必须有良好的创业生态系统。

创业教育是一个新课题，如果真正做到"大众创业""草根创业"，那么创业教育绝对不是一个小众需求，而是广泛的大众需求。如果创业教育能够培养创业者正确的信念、良好的心态、必备的素质，能够给予必要的知识、合适的方法、合理的服务，那么创业教育之重要、创业教育空间之广阔，是不可想象的。而这一切，要从中国的创业土壤中长出来，要从教学互动中磨出来，要在中国的创业生态构建中共生出来。

中华民族五千年的历史就是一个不断与时俱进、不断创新、不断创各种"业"的过程。只是今天的创业被赋予了特殊的含义，这是时代的特色，我坚信这个"业"并不难创。

谨以致创业学生的《创业颂》作为本文结尾：

> 披五千载风霜，
> 挺二百年脊梁，
> 中华儿女创业忙。
>
> 采西方精华，
> 蓄东方素养，
> 创新之路不同寻常。
>
> 创业，
> 是全球的时代辉煌，
> 创业，
> 是强者的价值主张。
>
> 凭正气良知智慧，
> 借天时地利人和，
> 去挥洒中华民族的伟大理想！

2015.9

美国大片的创新启示

前几天我在飞机上翻阅了《环球人物》杂志，读到一篇文章"尴尬的中国电影"，作者是一位作家、评论家。他说，他问一位在中国生活的欧洲朋友："你对近年的中国电影怎么看？"对方的回答很直率："中国电影大多是垃圾，包括有些高票房的电影。"于是他觉得汗颜。他觉得中国电影在各个方面与欧洲、美国电影有很大的差距，与韩国、日本相比也无优势可言。

隔行如隔山，尽管我对于中国电影有自己的看法，但是我不能对中国电影工作者进行这样严厉的公开批评。我只能说，就创新程度而言，中国电影的确与美国电影差距极大。在中国总理李克强号召全民创新的今天，中国电影在创新方面必须奋起直追。而这种创新能力首先应体现在创新思维上。

世界上有几个关于国家创新能力的评价排行榜，例如欧洲工商管理学院、世界知识产权保护组织发布的"全球创新竞争力排行榜"，欧盟发布的"欧盟创新记分牌"，等等。这些排行榜对国家创新能力的评价指标，主要是经济和技术方面的。我认为一个国家的创新能力应该体现在五个方面：经济创新、技术创新、理论创新、社会创新、文化创新。一个善于创新的国家或民族，首先应当具有创新文化，我固然指的创新文化是广义文化，但与狭义文化的相关度很高。一个具有很强文化创新能力的国家，其他创新能力应该也是很强的。我看到的几个关于国家创新能力的评价指标体系都太复杂，有三级体系，几十个至上百个指标。其实最好是像基尼系数、恩格尔系数那样，用一个简单的数据说明和解释一种状态。于是我思考过，可否用电影代表文化，因为电影是文化的综合表现，也含有技术和经济因素，用电影的创新性代表文化的创新性，从而代表一个国家的创新能力。但是，要全面、客观地评价诸多国家的电影创新能力在操作层面上是困难的。

然而回到本文主题，对中国和美国的电影创新能力进行比较并不困难。如果我们就两国电影在构思创新、情节创新、技术表达创新、艺术创新、创新启示等方面用一定量化指标评价的话，结论很容易得出。

在看了中国电影《泰囧》《心花路放》（可能是本文开头所指的"高票房"电影）和美国电影《明日边缘》《安德的游戏》《超体》《星际穿越》之后，根本就不用作什么定量比较，美国电影的创新性令人惊叹！无论在构思创新、情节创新、技术表现创新、艺术创新等方面都令人惊叹，也给了我们创新启示。他们想得出这些构思就了不起，何况还能编成故事情节，还能演出来，还能用技术手段活灵活现地表达出来，还能产生艺术美感，还能给人深刻启示。在此只能说一说构思创新。

《明日边缘》的构思是，一种外星物种无情地攻击地球，地球上的任何武装力量都无法与之抗衡。从未打过仗的男主角凯奇中校和特种部队女战士丽塔配合与外星物种对抗。他们在某种条件下有好多条命，相当于电脑游戏里的人物一样，死了可以回到起点重新出发，于是每死一次就获得了新的经验和能力，每一次重复的过程都使他们打败敌人的胜算多了几分。他们进入到一种不可思议的时间循环中，一遍又一遍地重复着战斗和死亡的过程，然后越来越强大，最终发现了控制时间的奥秘，取得了胜利。

《安德的游戏》的构思是，人类遭遇了来自虫族的毁灭性打击，地球司令部觉得以成年人的思维不可能赢得胜利，于是挑了一群孩子加以训练，让他们进行游戏对抗，游戏是领导国际舰队为地球生存而战。在训练中，少年安德脱颖而出成为优秀的领导者,最后教官让他领导做一次终极测试游戏。安德在几乎消耗了全部舰队的情况下最终摧毁了虫族生存的星球,在取得胜利之后安德才知道其实这个终极测试游戏是人类与虫族的真实决战。安德十分沮丧,因为他觉得如果不是游戏的话,其间是有可能与虫族沟通和解的。

《超体》的构思是,25岁的露西被迫无奈过量吸食了一种新毒品CPH4后,发现自己的体能和智能都在药物的作用下得到了飞速的提升,从而拥有了心灵感应、遥感透视、时空穿梭等不可思议的超能力。诺曼教授论证人类的脑量只应用了10%,每提升1%都能产生巨大的能力,而露西在药物的作用下脑量的发挥几乎达到了100%,于是她可以穿越时空、无处不在。她轻而易举地复了仇,最后把她的脑量变成了一个闪盘交给诺曼教授。

《星际穿越》的构思是,随着地球环境的不断恶化,人类无法生存,科学家在太阳系中的土星附近发现了一个虫洞,通过它可以打破人类的能力限制,到更遥远的外太空寻找延续生命希望的机会。一个科学家探险小组制造了一艘飞船通过这个虫洞到太阳系以外,他们的目标是找到一颗适合人类移民的星球。然而,通过虫洞后,他们发现飞船上的一小时相当于地球上的七年时间,即使探险小组的任务能够完成,也已经救赎不了他们的亲人和地球上现在活着的人了。

我在这里只能简单地描述一下这几部美国电影的构思,而影片极好地呈现了这些构思下的故事情节和技术表达以及艺术表现,不仅带来艺术享受、视觉愉悦、情感触动,还引发了我对生命、对身心灵、对创新教育的更深刻的思考。看过这几部电影的人也许会与我有同感。这四部电影是我最近去电影院随机看的,并没有刻意挑选,这使我深深感受到美国电影的巨大创新能力,也坚定了我关于电影能够代表一个国家的文化创新能力以及折射其他各个方面的创新能力的想法。因为,它首先是创新思维的结果。

我深深地感叹中美两国电影创新性的差距，于是有了对本文第一段引用某评论家对中国电影评价的某种认同，我主要是评价创新性。两国电影创新性的差距当然可以折射出两国其他创新性的差距。因此，这种现象更加提醒我们，中国人要更快地提升创新思维，加紧培养和训练我们自己尤其是下一代人的创新自信心、创新意识、创新思维和创新能力，使得中国这个世界第二大经济体，这个最古老的国家和民族至少获得世界第二的创新地位。

那时，中国电影的创新性应该不亚于美国。

2014. 11

中国软科学创新

刚刚参加完由深圳综合研究院组织的"中国软科学奖"第五届（2015年度）评审会，在71项推荐项目中评出7项成果。这个奖项的评委会，由樊纲教授牵头并担任经济学评委，我是管理学评委，清华大学社会科学学院院长李强教授是社会学评委，中国政法大学研究生院常务副院长李曙光教授是法学评委，北京大学环境科学与工程学院副院长张世秋教授是环境学评委，《第一财经日报》主编秦朔、广东广播电视集团副总编向熹是新闻传播学评委。这样跨学科的评委会，是一种有益的学习和交流，学科的发展既需要细分，也需要综合的交叉跨界，因为在现实社会生活中，很多问题的解决已经不是某个学科领域的事了。在每一次评审会上，由各位评委主要介绍和分析各学科最近的研究动向、各项成果的得失，然后大家以跨界眼光对研究成果进行综合评价和讨论交流，是一种必要的审视和愉悦的享受。

本届评选出7项成果：1个综合奖和6个专项奖。综合奖是中国社会科学院副院长李扬教授等的《中国国家资产负债表2013：理论、方法与风险评估》。6个专项奖为：中国人民大学陶然教授等的《父母外出务工与农村留守儿童学习成绩——基于安徽、江西两省调查实践分析的新发现与政策含义》（社会学）；中国人民银行研究生部谢平教授的《互联网金融手册》（经济学）；华东政法大学邹碧华教授的《要件审判九步法》（法律学）；还有三项是管理学方面的，一是陈春花教授等的《中国领先企业管理思想研究》，二是田涛、吴春波教授的《下一个倒下的会不会是华为：任正非的企业管理哲学与华为的兴衰逻辑》，三是朱永新教授等的《管理心智：中国古代管理心理思想及其现代价值》。

我从1997年开始研究中国企业案例，致力于工商管理学院的案例教学；2000年创立了北京大学管理案例研究中心；2003年创办了《北大商业评论》，其主要目的都是为了探索中国管理思想，记录中国企业成长的历史轨迹。将近二十年来，中国企业持续成长，中国经济日益强盛，各种中国企业的案例、传记、故事、研究、企业史等文章和书籍在书店、机场、网上热销或被广为传播，很多优秀的中国企业已经度过自己的30岁生日。例如，当年我们挑选的第一批案例研究对象企业，如联想、海尔、TCL、万科，都跨过了而立之年。随着市场的成长、新技术的诞生，当时默默无名的如华为，当时没有出生的如"BAT"，现在已经成为世界巨人。还出现了小米这样的企业，至今不到五年的历史，已经为世界刮目相看。

《北大商业评论》创刊时我写过一篇文章，我认为中国管理思想的来源有三个方面：一是中国企业的实践，二是中国传统文化，三是中国革命或曰红色管理。当时我认为中国管理思想的形成时间应该在10—20年之后，是因为参照日本，其管理形成理论的时间，是20世纪80年代初期。在日本经济向美国逼近、日本企业构成美国企业强大竞争对手的时期，中国的GDP在2010年超过日本，到2014年，根据PPP调整的GDP超过了美国，以此来看，现在到了中国出自己企业管理思想的时候了。

按照这种思路，今年在推荐中国软科学奖管理专项奖的时候，我们重点在三个方面进行了搜寻。在国学与管理方面，聚焦在两本著作上：罗运鹏的《国学管理精论》和朱永新等的《管理心智：中国古代管理心理思想及其现代价值》；在本土企业个案实践总结提炼方面，聚焦在曹仰锋的《海尔转型》、黎万强的《参与感》、田涛和吴春波的《下一个倒下的会不会是华为：任正非的企业管理哲学与华为的兴衰逻辑》；在本土企业综合研究方面，聚焦在陈春花的《中国领先企业管理思想研究》，刘曼红的《中国天使投资——理论、方法与实践》，周宏桥的《半面创新：实践者的创新制胜之道》；在红学管理方面，聚焦在李凯城的《红色管理——毛泽东管理思想的当代应用》。最终，评出了朱永新教授等、陈春花教授等、田涛和吴春波教授的著作。作为学术性的评奖，我们更在意其概念上的清晰、逻辑上的合理、体系上的完整、方法和工具的应用，甚至包括数据与资料的严谨性。当然，我们不是仅仅作为纯学术性的评选，在此基础上，更看重其对实践的指导意义和应用价值以及传播性。

国际上对中国文化、中国管理思想和中国企业的研究开始渐起了。例如，美国卡巴金教授的《正念——身心安顿的禅修之道》在美国畅销75万册，被译成20多种语言，当然也包括中文。在我们这一次评选中，也有了中国与外国教授合作的著作。我期盼管理学、经济学、社会学、人类学、心理学、哲学、历史学、宗教学、文学等各种学科的中外学者们一起为中国管理思想的产生以及与世界管理思想的交流和交融而共同努力。

2015.3

知一书院缘起

作为教师,我思考现代大学教育制度与传统私塾的关系、师生关系、西学与国学的关系、教书与育人的关系,已经相当长时间了。

二十多年前,在读博士的四年中,我并没有完全静下心来做学问;做博士后时,我也没有想转行当老师。但由于光华管理学院当时缺少教师,要求我承担一名教师的教学工作量,因此实际上我开始转向教师行业,至今已有约二十年的时间。后来我慢慢认识到,是否为教师,或者说是否为知识分子,不是职业表象的界定,而是灵魂深处的一种本质界定。

最近我和一些学生走得很近。我在北大指导过的硕士、MBA的几位创业者在我创办新华都商学院(NBS)的EMBA项目时,听了我的劝说,又来再读一遍。这对我是很大的信任,也是在项目初期对NBS的很大支持。此时,我已经提炼出了"金、木、水、火、土"的创业者培养体系,总结出了"心、道、法、术、器"的中国管理思想体系,加上二十年前提炼的人生三维"富、贵、雅"价值体系,自己觉得理论体系和逻辑框架已经形成,也很想与学生们共同推敲细节,理论与实践相结合,出一些"知行合一"的中国管理成果。

去年去了一趟以色列,考察了以色列犹太民族的"拉比"传统。犹太人进入现代社会很早,在自然科学、工程科学、人文科学、社会科学方面人才辈出,但同时也保持了学习和传承犹太文化传统的学习组织。"拉比"相当于私塾老师，有一群学生聚在一位老师身边终身学习。而中国在取消科举，进入现代大学建设以后，国学的传统基本断了。现在，现代科技突飞猛进的压力，以及外语学习所耗费的大量时间和精力，使得现代中国人对传统文化知之甚少。如果我们稍微认真学习一下，就会发现祖宗真的留下很多精华。有人说，中医中药就是几千年中国人大数据的试验成果，此话真的不假。例如，我的痔疮毛病一发作，在肚脐贴一剂药，立刻药到病除。对于这种病，什么药有效？为什么是贴在肚脐上？不知需要多少人和多长时间的试验？又如，要思考重大问题的时候，用祖宗传下来的静坐方法，一坐，内心很快就能平静下来，而且思维很敏锐。因此，如果能够在现代大学的基础上，与中国传统的私塾制相结合，以学习中国传统文化为主，将很有意义。在历史长河中，其实儒、释、道、墨、法、兵、侠、医都在慢慢相互交融，形成了所谓的国学。有人说不存在"国学"，但是国际学术界明确存在"Sinology"，我们一般把它翻译为"汉学"，其实应该翻译成"中国学"。我们以儒为名，以书院为形式，是主流社会比较接受的一种方式。故名为书院，其形式与内涵很明确。

前一段看了一篇国外研究人际关系的学术文章，论述了人的一生，与其有有效关系的人不超过150人。我立即联想到孔子为什么"弟子三千，贤人七十"。孔子终其一生，走得比较近的学生只有70人。尽管现代社会沟通手段先进，沟通半径加大，但我认为终我一生，走得比较近的学生超不过50人，可能在30人左右。一般而言，这种"贤人"是比较自然产生的，是盖棺后定论的。但作为管理学教授，我很想试验一下这种师生关系可否被"管理"出来，知一书院也是这样的一个试验平台（详见另文《中国"关系"》）。

叫"知一"，是与几位发起学生磨出来的。原来我的北大的学生有一个比较松散的群体叫"赫兹"班,取HZ之意,隐喻"何子",但这个名字似乎太洋气、太科学。"知一"即志毅的谐音,又有"知行合一""抱朴守一""一生二,二生三,三生万物"的含义;有在中国传统文化浩瀚的大海里抓住最核心的那个"一"的含义。因此,"知一书院"更具有中国文化韵味,也更具有私塾的味道。

因为是终身学习组织,故既不能太严密,也不能太松散,而是要有一个合理的度。老师与学生的相互认同,学生与学生之间的相互认同,对中国文化的共同认同,理念和价值观的基本相同都很重要。因此,发起同学们参照合伙组织起草了章程,例如咨询师、律师、会计师的合伙组织,例如终身教授组织等,在这个基础上再进一步探索。

总之,知一书院起步了,也许以后会有一个固定的、物质形式的书院,但这并不重要。重要的是我们都"知一"了。

2015. 8

朱子山水、现代师徒
——记一次师徒制授课

一

提到武夷山,就很容易联想到朱熹,搞教育的人也很容易联想到中国传统的私塾。去年在武夷山,我就专门去了位于五夫镇的朱子故居,镇里也有一个朱子书院,规模很小。朱子故居门口真的有一口小小的四方池塘,据说那就是他在《观书有感》中提到的半亩方塘。门口有一条小溪,但与方塘并不相连,因此源头活水并没有流到池塘里。再回想一下,朱子也没有把二者实质相连啊,他前两句写的是池塘:"半亩方塘一鉴开,天光云影共徘徊";后两句说的是渠:"问渠哪得清如许,为有源头活水来。"只是我们把两件事连在一起了。门口的香樟树三个人都合抱不住,溪边樟树下有村妇在洗衣,千年不变。

中国最后一次科举是1904年7月4日,以后科举废除,私塾消失,书院消亡,现代大学兴起。湖南大学把建校时间算为岳麓书院成立的时间,那是北宋开宝九年(976年)。北京大学也认真讨论过自己的历史这个问题,据说可以把时间算在汉代,那是公元前一个世纪。湖南大学这么做,至少它们有物理空间的传承,北京大学则没有,而且北京大学举起反封建的旗帜,推崇"德先生"与"赛先生",发起了轰轰烈烈的"五四运动",因此,在逻辑上恐怕也不愿意扯上这种封建历史关系，故其历史应从1898年京师大学堂的创办算起。

其实我们从犹太民族身上可以看到，传统与现代并不是那么不兼容。犹太民族不仅有"拉比"体系，而且在服装和发式上刻意保留着传统，使之有一种具象传承。我们在新华都商学院EMBA班试行类似私塾制的"师徒制"，设计核心要素是：师父都是既有理论又有实践的高人，学生一进校就选配师父；每一位师父只带五个徒弟，实行小班上课、讨论或单独辅导，形式不拘；实行师徒双向选择制；最终，这种师徒关系在中国文化下会是终生的。

两年的时间过去了，新华都商学院的师徒制得到了老师和同学们的认同，是其EMBA项目的最大特色。在这个过程中，所谓的私塾制师徒模式也形成了几种：一是知识讲授与企业诊断模式，如彭剑锋、周宏桥；二是答疑研讨模式，如陈春花、薄连明；三是战略指导与运营模式创新，如黄辉、沈宏、刘学；四是宏观趋势分析及战略方向指导，如邱晓华、蒲坚；五是企业综合运营框架指导模式，如林正刚；六是精益创业与私董会模式，如李汉生；七是投资分析决策模式，如李万寿、陈鸿桥、何伯权；等等。这些"师父"，这些模式，这样的师徒亲密接触，形成了特色。

我对于自己如何辅导徒弟、如何挑选徒弟，想了很长时间，最后决定用战略思维训练与领导力提升模式。说得通俗一点，即训练如何做重大决策及修心。我基本不为学生分析、解决具体问题，而是与学生共同"磨刀"，磨利了让学生自己去"砍柴"。我对学生的挑选有三个理想标准：一是热爱中国；二是严于律己；三是有公益心。说起来很空，实际测量也不难。例如第一条，写一首赞颂祖国的诗词；第二条，拿出对自己严格要求的证明；第三条，说说自己是否做过公益。这么一说，可能会吓走很多学生，不要紧，如

武夷山师徒辅导

果只有一个人报名,那么这个人恐怕就是我理想的学生;如果没有人报名,那么我会降低要求,但不会改变模式。因此,加上我的辅导模式,新华都商学院的EMBA项目总共有了八种模式。

二

我来举例说明一下我这种辅导模式的教学方法。

2015年7月的一个周末,我和一位助教与九位学生(三届)在武夷山展开了两天两夜的师徒制辅导,提前两个月我们就定好了时间,指定了需要预习的书和讨论的话题。这两天,我的目的是让徒弟们深刻理解战略决策的重要性,以及修心的重要性,而重点在于对战略思维的理解。我指定的战略教材是《孙子兵法》,我指定的战略案例分析是甲午战争与朝鲜战争。甲午战争的参考书籍是国防大学出版的《甲午殇思》和旅日华人宗泽亚所著的《清日战争》;朝鲜战争的参考书籍是最近刚刚出版的一套丛书——《最寒冷的冬天》,共四本,分别由中国人、美国人、韩国人、日本人撰写,多角度透视了这一场战争。我要求学生分成两组,一组研究甲午战争双方的战略得失,一组分析朝鲜战争双方的战略得失。我希望进行战略分析的时候要进行角色扮演,把自己放进去。那种一拍板一个国家和一个民族生、一拍板一个国家和一个民族死的生死决策才叫做战略决策。当然,即使达不到这种效果,了解这两场战争也是一个中国人必须补的课,仅仅作为历史知识补充也是好事。对于修心,我指定的教材是英国人菲利普·肖特写的《毛泽东传》和毛泽东23岁时写的作文《心之力》。我一下布置了八本书和一篇文章,即使在两个月内读完,一周一本并且还要思考,也不太容易。我对徒弟说，必须把甲午战争和朝鲜战争的参考书籍看得热血沸腾或者寝食不安，才算看进去了；看《毛泽东传》和《心之力》觉得既望尘莫及亦犹可追，才算看进去了。

我觉得，讲这么宏大的话题、这么深奥的修心，必须一下子把水烧到100℃，然后改为慢炖。不烧到100℃，是没有效果的，所以一开场就有一点"逼迫"的意思。

两天两夜的时间，我们实际上分别有早上、上午、下午、晚上八个时段的安排，我们安排了三场户外活动，五场室内学习，每次学习前先静心打坐。

我进行了五段讲授，一是我的人生历程中的战略选择以及修心体会；二是《孙子兵法》导读；三是战略思维方法；四是不同的领导力构成要素；五是毛泽东《心之力》导读。

这一次武夷山师徒制聚会，由于东道主吴丽瑛同学的精心安排和接待，徒弟们事先认真的读书、思考、准备，甚至还精心准备了统一的服装，于我而言，也是一次难忘的人生经历。回来后，这些美好的片断常常自然浮现，回味无穷。我写了三首词，以记录这次美好的回忆。

三

如梦令·行深

鱼贯茶岩坑豁，

泉细风柔云落。

忽念五蕴空，

般若*花开正果。

端坐，

端坐，

天命问君不惑？

  吴丽瑛同学带我们穿过坐落在武夷山中心、群山环抱、气势磅礴的永乐天心寺，下到后山的牛栏坑（武夷山著名的三坑两涧之一），在两边都是峭壁的小块茶田田埂小道上行走，脚边泉水细流，耳边蝉声亢进，眼前云落半山，才知道好茶是长在这样的地方的，而不是在大片大片的茶山上。这样的茶是山野之精华熏陶出来的，是有灵性的。我们一行十人一字排开，行走在山间小道上，我在后面看着有"鱼贯而入"之感，想起庄子的名言："子非鱼，安知鱼之乐？""子非我，安知我不知鱼之乐"，颇有亦仙亦侠的感觉，很飘逸。越走越深时，突然冒出"行深般若波罗蜜多"之句。略知佛学的人都知道《心经》的第一句话是："观自在菩萨，行深般若波罗蜜多时，照见五蕴皆空，度一切苦厄。"我们走到一泓清泉汇聚的岩石下，岩石上刻着"留香涧"，丽瑛同学说，就在这里煮茶听何老师讲讲。她拿出竹席铺在岩石上，生炭火煮岩茶，还在边上折枝插花作为点缀摆放在脚边，真是风雅。我摆了一个打坐的姿势后，拿出一把丽瑛专门为我准备的羽毛扇摇了摇，我想她是为我们准备扇凉并赶虫子用的。坐在这样的自然美景中，我们一边品茶，一边说了我人生中几次战略决策的背景和修心的体会。孔子曰"四十不惑，五十知天命"，知天命之人问一群不惑之人到底何为不惑？不惑了什么？或者还惑着什么？如果不知孔子语录，也可以理解为天命在问诸君是否

---

* 般若读bō rě，一般作智慧解。

不惑了？就这么两个小时左右的时间，我自己自然穿越了道、释、佛三种情境，可见中国文化中的儒、释、道的天然融合，此真为一乐也。

四

如梦令·心略
把臂问心强弱，
拍断死生福祸。
推甲午风云，
映染援朝烽火。
功过，
功过，
孙子兵书点破。

把臂是指近距离，喻亲切。在一起的学生们，知道我们真的"把臂"了。我要求男生掰手腕较量一番腕力和臂力，一掰手腕，手劲高下立现。然后我问，心力呢？谁的心力高，如何比较？手臂的力量，完全是练出来的，练与不练，差别非常大，不练的人，几乎"一、二、三"就会败下阵来，而且，越是少年时期练出来的肌肉，力量越容易保持。心力也是如此，是可以练的，越练越强，越早练越容易维持，而且身心是可以相互转换的。从毛泽东的《心之力》中我们可以看到，领袖之心在那时已经基本练成了。他的同学回忆，某天天降大雨，有人敲门，开门一看是毛泽东，原来他是在借大雨修身修心。毛泽东公开发表的第一篇文章是1917年4月在《新青年》杂志上的

《体育之研究》，可见他多么重视修身，并借修身以修心。他在湖南第一师范的时候登报求友，要求做朋友的条件是"能耐艰苦劳顿，不惜己身而为国家者"。当时征到"两个半"朋友，其中两人当年都不到20岁，后来都赫赫有名：李立三和罗章龙。有一次毛泽东在同学家吃饭，因为主人喋喋不休地交代佣人去买肉，他拂袖而去，从此不再与此人来往。他说："我的朋友和我只愿意谈论大事：人的天性、人类社会、中国、世界、宇宙！"难怪杨昌济老师当年那么看中他。

在武夷山讲战略时，我要求学生理解战略是决定生死的大事，不逼到这种份上，是没有资格讲"战略"二字的。《孙子兵法》开篇就说："兵者，国之大事，死生之地，存亡之道，不可不察也。"这种决策，需要反复权衡，深思熟虑。往往需要静下心来连续思考很长时间：一天一夜，三天三夜，甚至十天十夜。林彪兵法中的"四快一慢"，"慢"就是指发动战略时总攻要慢。而且我反复强调，在做重大决策时心一定要静，不能急、不能躁、不能乱，而静心是有方法的。因此，在武夷山，每次讲课讨论之前，我们都会静坐20分钟，让心静下来。

每一个组织、每一个人都有自己相对重大的决策，虽不及生死决策，但一定涉及未来福祸。因此，学会战略思维非常重要，而战略一词是从军事中来的，源头在军事。因此，二十年前我在北大开始讲战略管理，就是从军事讲起。不论军事，无以战略。

两千五百年前的《孙子兵法》，本质上是以军事为题材的哲学著作。我给没有任何经验的本科生讲《孙子兵法》，他们都能听得进去，而且感到获益匪浅。很多本科生说，原来以为是讲军事的与我无关，原来以为两千五百年前的东西离我遥远，读了才感受到它的魅力，受用终生。《孙子兵法》应该是案头必备之书，尤其是对于各种领导者，对于创业者更是如此。毛泽东长征到达延安，工具书尽失，在一份让在西安的叶剑英购书的清单上，列有军事书籍两本：一本是《孙子兵法》，另一本是克劳塞维茨的《战争论》，可见其重要性。

凡是我的弟子，必要求读《孙子兵法》，必要求通读《孙子兵法》，必要求熟读《孙子兵法》。用《孙子兵法》分析两场战争，可圈可点。是谓"功过，功过，孙子兵书点破"。

五

一剪梅·武夷师徒论道

大王峰下孝文家，

师令一发，

飘落群侠。

似水流年淌天涯，

九曲竹筏，

十朵奇葩。

众里蓦然就是她，

洗尽铅华，

心外无花。

止语焚香品珍茶，

眼里禅芽，

窗外鸣蛙。

吴丽瑛同学在武夷山主营孝文家茶，孝文是武夷岩茶的传人之一。她在武夷山最著名的大王峰下有一精致的小酒店，我们在此学习、住宿，风景雅致，心旷神怡。这一次我的10个徒弟来了9个，而且他们还精心准备了禅服，既整齐又飘逸，颇有侠客风范。记起十多年前，我与柳传志交谈时，他说知识分子往往是独行侠，而企业则像军队，于是老僧布了一个七星阵。意思是他把侠客们组织了起来。我颇有同感。九曲溪是武夷山最精华的水路，在旺季时临时订票根本订不上。例如我们在时，每天约有7万游客涌入，竹筏的接待极限每天是1.5万人。因为新华都集团是武夷山旅游公司的第二大股东，我们得以在临时加班中抢到两张竹筏，满足了外地没有来过武夷山同学的心愿。几乎所有到过福建的文人骚客、达官贵人必来武夷山一游。郭沫若留下了"桂林山水甲天下，不如武夷一小丘"的诗句，使得武夷山人常挂嘴边引以为豪，不知道当时他得了什么好处（笑）。反正，这里的确是双世界遗产，景色、人文俱佳。

　　9个同学中，任芳来自西安，是中国民办大学第一品牌的西京大学的校长，当年她父亲创办这所学校时就立志与北京大学、南京大学、东京大学齐名，令我们肃然起敬。郭洋也来自西安，他正在创办一个新企业，已经得到了第一笔投资；他人高马大，颇有几分英雄气概。王昱桥来自北京，虽然年龄最小，但智商、情商都很高，从国外留学回来不久。吕航也来自北京，她曾经在一个叱咤风云的企业中创造了40亿元的销售佳绩，然后到一个NGO组织从事了两年公益活动，前两年创办了自己的企业，正在高速成长之中。王铭豪来自上海，平时沉默寡言，但极具表演天赋，学谁像谁，一上台就光彩照人、活灵活现；他的演艺才华已经为国内话剧界的大腕所认可，要不是身为企业家的父亲坚决反对，他更愿意成为一名话剧演员。谭玉梅来自香港，在海外生活多年，主要从事投资事业，举手投足都流露出一份优雅。许晓鸿来自深圳，是典型的四川辣妹子，热情豪爽，干脆利落，乐于助人，除了做自己的事业，还是深圳几个协会秘书长级的人物。吴丽瑛是此次武夷山之行的东道主，但主要的事业在福州，创办了一家金融服务企业，在福州小有名气。大家公推的小组组长是来自厦门的黄湘云，闽南淑贤女子，颇具大姐风范，是资深人力资源管理专家，现在厦门一家极具发展潜力的公司任合伙人兼副总裁。助教芮华一是新华都商学院负责课程设计的核心干部，在读历史学的博士，年轻有为，才华横溢，几乎无所不知。这就是当时竹筏里的"十朵奇葩"。

师生关系、师徒关系，也是一种缘分，中国有"一日为师，终身为父"的传统，如果年龄不够做父，起码也为兄。现代大学制度把这种感觉淡化了。在西方大学中，最极端的是把师生关系变成了一种市场交易关系，学生付费，老师上课，仅此而已。我希望恢复中国的师徒关系，这当然要求师父自己要有心愿、有能力成为徒弟们一生的良师益友。师徒关系也不是可以按照要求挑出来的，"众里寻她千百度，蓦然回首，那人却在灯火阑珊处"，往往是可遇而不可求的。老师最看重的不是学生聪明与否，而是学生对老师的认同、相信和投缘。丰子恺在回忆录里写道：当年在杭州美专，他欲拜李叔同为师，李叔同让他某晚某时于某个教室门口见。那天晚上风雨交加，丰子恺准时到了，李叔同却左等不来，右等不来。等了很久，教室里的灯忽然亮了，原来李叔同早已在教室中等候多时，一直静静地打量他。李叔同说：我收你了。

现代人要学的东西太多，眼花缭乱，非常需要在各种东西后面有一种返璞归真、抱朴守一的东西，我认为那就是一个"心"字。王阳明先生在解释"心外无物"时引了一个岩中花树的例子。他说那花开得一时灿烂，但你不看它时，于你而言它是不存在的（尔未看此花时，此花与汝心同归于寂；尔来看此花时，则此花颜色一时明白起来，便知此花不在尔心外）。

结束的那天晚上，东道主吴丽瑛让我们领略了一下什么叫好茶。她请来了颜值颇高的茶艺师，名字也很有深意，叫"朱衣"，我立即联想到著名唐代诗人刘禹锡的《乌衣巷》："朱雀桥边野草花，乌衣巷口夕阳斜"，她父亲一定是以此诗意为她取名的。她先泡了一泡好茶，让我们尝一尝，然后再让我们体会什么是极品茶。那天晚上喝的是"牛首"，应该是牛栏坑肉桂茶中之首，每一泡的味道都不同，而且泡到二十几泡仍然有味。此外，茶香、杯香、盖香也不同。尤其是静下心来，心无旁骛地专心品茶，轻轻地、悠悠地，有时把茶放在口中啜一啜，那种感觉才算真正体会到什么叫做"茶禅一味"，才算体会到为什么有人问赵州和尚"什么是禅"，他统统都说"吃茶去"；也理解了日本茶道为什么是一道一道慢慢的程序，那真是一片禅心在茶上。看看舒展的茶叶，感觉都是充满灵气的禅芽，那夜，窗外月朗星稀，蛙声悦耳。

六

两天两夜的武夷山师徒授课结束了，我相信这是每个参与者人生美好的回忆之一。下一站我们约在西安，据任芳评论，骊山脚下的实景剧《长恨歌》比融汇在武夷山水之间的《印象大红袍》更好看。

人生永远是下一场更美好。

2015.8

篇三
Part 3

信仰的力量

信仰的力量 / 知识分子的杂志情结 / 钱学森之问呼唤教育家 / 从基尼系数看社会公平 / 我是志愿军米粉 / 中国梦与美国梦 / 中国革命与组织成长 / 从井冈山到北京 / 四十年后的感恩 / 偶像何在

信仰的力量

本期杂志的出版恰逢中国共产党建党九十周年，作为中国共产党党员，我觉得有义务就这个主题写一篇刊首语，看了《建党伟业》影片里的几位北大教授的重头戏，更是感慨万千。

用党史的标准语言说，中国共产党的诞生，是中国历史上"开天辟地"的大事件。我觉得这种"开天辟地"在建党之后集中体现在几个时点上：政治上是1949年，中国共产党建立了新中国；军事上是1953年，中国人民志愿军战胜了以美军为首的十七国联军，打出了国威；科技上是1970年，中国第一颗人造卫星上天，成为第三个掌握人造卫星发射与回收技术的国家；经济上是2010年，中国的GDP超过日本成为世界第二，恢复了中国在两千年历史上的常态。

我认真想了一想，这种"开天辟地"可能不仅仅限于在中国历史上，在世界范围内也没有哪一个政党能够与中国共产党相媲美。苏联共产党创建了世界上第一个社会主义国家，但今天党和国家都已烟消云散；美国的共和党与民主党似乎连真正意义上的政党都算不上；印度的国大党、日本的自民党、英国的工党、新加坡的人民行动党，等等，无论其历史、规模、成就、影响都大大逊色于中国共产党。

今天的中国共产党有8 027万名党员，毫无疑问是世界第一大党；今天的中国共产党领导着13亿中国人民，毫无疑问是世界最大的执政党；今天的中国共产党把中国从历史低谷带到了历史新高度，毫无疑问是中国历史上最伟大的政治集团；今天的中国共产党赢得了全世界的广泛尊敬，也赢得了曾经拼得你死我活的老对手——中国国民党的尊敬。作为这样一个政党的普通党员，我当然由衷地感到自豪。西方有人为西方民主制度辩护时说：民主制度固然不好，但人类还没有发明出比民主制度更好的社会制度。套用这句话说，中国共产党固然有各种缺点和不足，但中国还没有出现能够替代中国共产党的政党。我们也没有看到世界上有比中国共产党更加伟大的政党。除了中国人民之外，没有任何组织或国家有资格对这样一个党说三道四。

在建党九十周年之际，我时常想着党的历史和党的作用。刘少奇在1939年写了著名的《论共产党员的修养》一文，洋洋洒洒44 000多字，成为当时共产党员的必读之书，也成为重要的历史文献。我带着他为什么不写"论共产党员的信仰"的疑问认真通读了全文。他在六个方面的论述中用一个方面论述了共产党员最基本的责任就是要遵循人类社会发展的规律，推动共产主义事业不断前进，最终实现共产主义。但他主要论述的是既要有最伟大的理想、最伟大的目标，又要有实事求是的精神和最切实的实际工作。因此我想，那时共产党员的信仰恐怕不是问题，或者不是主要问题。

1939年，党在延安稳定下来后，组织发展迅速，从1937年的4万人发展到1939年的约70万人。当时美国处于大萧条之后，罗斯福总统实施"新政"，采取了一些社会主义的理念及调和社会矛盾的措施，经济刚刚恢复到大萧条之前。苏联社会主义国家则蒸蒸日上，生产力迅猛发展，成为世界第二大工业强国。世界各国的共产党组织积极活跃。中国共产党对自己的前景充满信心，因此提高共产党员的修养和能力是当务之急。

根据中组部统计，截止到2010年年底，中国共产党党员的人数为8 026.9万人，去年一年发展党员307.5万人，有基层组织389.2万个。如果按照此速度发展，到2020年，中国共产党党员人数可能超过1亿。如果按照家庭平均人口3.5人计算，扣除夫妻党员的因素，共产党员直接影响的人口至少达到3亿人。

但是，今天的共产党员信仰共产主义吗？经过半个多世纪的试验，目前共产党执政的社会主义国家只有五个：中国、越南、朝鲜、古巴、老挝。中国、越南、老挝都实行了市场经济制度，古巴正在鼓励个体经济，朝鲜也有松动的迹象。传统的苏联式的社会主义制度已经不复存在，新的社会主义制度有待实践和总结，社会主义和资本主义的界线不再那么泾渭分明。但是，信仰和制度并不在一个层面上，共产主义和社会主义是一种信仰及理想，并不仅仅是一种制度安排。制度是可以变化的，信仰是不变的。

我比较了几个主要宗教对终极理想的描述：佛教对净土或者西方极乐世界的描述、基督教对天国的描述、伊斯兰教对天堂的描述、道教对得道成仙的描述。我觉得还是共产主义的理想更高尚、更理性。例如，共产主义是没有阶级、没有剥削、没有压迫、没有私有财产、没有国家、没有政府、人人自由平等、人性得以充分解放的社会。

共产主义的初级阶段是社会主义的理论已经被人们广为接受，但社会主义的初级阶段是什么主义，则无法叙述。根据马克思主义的理论，社会主义的初级阶段其实毫无疑问就是资本主义，尤其对于缺乏资本主义阶段的中国而言，更是要补这一课。如果不谈什么主义，我们可以说，社会主义与资本主义的区别可能在于资本主义更注重资本效率，社会主义更注重社会公平。那么，社会主义的初级阶段意味着更加注重资本的积累和资本效率，而社会主义在经济发达的前提下，充分注重社会的公平与和谐，所谓经济发达是以资本主义社会作为参照条件而言的。因此，社会主义的建设就更加困难，因为它既要资本主义的效率，又要社会主义的公平。但天下没有绝对两全其美的事，我们可以认为，在不能两全的时候，资本主义更加追求经济效率，社会主义更加注重社会公平。

信仰是没有阶级界限的，马克思、恩格斯不是无产阶级，列宁不是无产阶级，毛泽东、周恩来、刘少奇不是无产阶级。共产党也并不意味着一定是革命党，革命只是在当时特定的历史条件下的一种实现理想的方法。今天，尼泊尔共产党就通过选举手段而执政，中国台湾地区也合法地成立了共产党。

今天的中国共产党党员，无论处在什么阶层、什么职业、什么职务，只要是还信仰共产主义、社会主义，就意味着他有追求社会公平的理想。每一个共产党党员（尤其是有人权的、有财力的、有话语权的共产党员）都应该问一问自己，在同样的职业和职务上，你是不是共产党党员有什么差别？有信仰和没有信仰有什么差别？如果8 026.9万共产党党员都具有共产主义信仰，都致力于追求社会公平，都能够自觉地为社会公平多尽一份责任，中国社会就会美好很多，世界也会更加美好。

在最近的《参考消息》上，有很多关于外国媒体对中国共产党建党九十周年的评议。加拿大《环球邮报》上有一篇文章，标题是《中共党员正在变化的面孔》。文章说，"与毛泽东及其同志们在天安门城楼上宣布中华人民共和国成立的庄严形象相比，作为党支部书记的肖金泉（大成律师事务所合伙人，每小时收费5 000元）及其在大成律师事务所北京办事处工作的200名党员同事无疑代表了共产党员截然不同的面孔"。"如今，许多党员干部更为人知的特性乃是他们对高端品牌和时尚SUV的热爱，而不是1921年7月聚在上海的那群坚定的社会主义者所追求的完全没有阶级之分的梦想。"

这位记者还采访了另外两位共产党党员，一位是中国人民大学即将毕业的大学生，她说他们那一届学生150多人几乎人人都写了入党申请书；还有一位是在人大开餐厅的老板，他是人大校园内22家商店和餐厅的经理组成的党支部的负责人。他说如果没有共产党，他现在还在安徽老家种地。他还说每次会议都是从领导人的最新讲话开始，但"一二十分钟后就开始谈生意——说实话就是赚钱"。

如果我是这位记者，我可能会问他们：你们作为律师、学生和老板，作为共产党党员和非共产党党员，思维和行为会有什么不同吗？

一个有信仰的政治组织和其他有信仰的组织比较，很大的差别就在于参加政治组织是有政治利益的，政治利益是可以交换和交易的，而其他有信仰的组织可能没有利益。因此我们可以想一想，如果中国共产党不是执政党，还会有多少党员？如果中国共产党是非法的地下党，还会有多少党员？因此，我们更加敬仰老一辈的中国共产党党员们，他们是真正有信仰的人。他们可以牺牲生命去追求信仰，而我们仅仅是多付出一些时间和金钱来追求信仰，或者"穿着高端品牌、开着时尚SUV"去多承担一些责任。

每一个政党都追求自己的理想，每一个政党都追求长治久安，共产党也不例外。中国共产党的理想是实现共产主义，中国共产党希望中国共产党万岁。中国共产党万岁之时可能就是共产主义实现之日。今天，中国共产党度过了自己的90岁生日，100岁的生日也指日可待。但是，200年？300年？1 000年呢？天主教2 000年了，佛教2 500年了，伊斯兰教1 600年了。宗教组织之所以长寿，是因为它们有美好的理想和信仰，因而有世世代代的信众。如果中国共产党党员有真正的信仰，党就可能与世长存。

我最近刚刚去过台湾地区，见到了台湾地区和国民党的领导人王金平、萧万长、连战，教育部门的领导人吴清基、经济建设部门的领导人刘忆茹等。我感受到他们对中国共产党的敬重，对大陆的期盼和倚重。我们是在纪念辛亥革命100年，而他们是在纪念"中华民国"100年。我体会到什么叫做

"相逢一笑泯恩仇",也感到国民党也有值得我们敬重之处。我注意到国民党的历史从"兴中会"算起,已有117年。

我是一名普通的中国共产党党员,我也曾经疑惑过、迷茫过。但在比较了各种信仰之后,在比较了各种政治组织之后,在比较了中国和各国的历史之后,我更加坚定地信仰共产主义,更加忠诚地热爱中国共产党,更加执着地追求社会公平,我会为此付出自己的努力,以无愧于中国共产党党员的称号。

2011.7

知识分子的杂志情结

从爱因斯坦的相对论中,我们得知可以有不同的时空观念,因此中国古书中所说的"天上一日,人间一年"的说法是成立的。作为期刊,有周刊、月刊、双月刊、季刊、半年刊,当然也有年刊,因此,期与年的关系是相对的。于我们而言,《北大商业评论》创刊于2003年11月,开始是双月刊,从2005年5月起改成了月刊。所谓"八十有感",是指《北大商业评论》到本期是第80期了。

办刊物是很多知识分子的理想之一。政治家靠权力影响社会,军事家靠武力影响社会,商人靠财力影响社会,知识分子靠话语影响社会,而刊物则是定期话语权的载体。虽然有句玩笑话说,"你要想害谁,就劝谁去办杂志",但办杂志的教授们还是不少。看看北大教授前辈们,李大钊办《新青年》,胡适办《现代评论》,周作人、周树人办《语丝》(鲁迅先生一生办过9本刊物),林语堂办《论语》《人世间》《宇宙风》,徐志摩、梁实秋办《新月》,马寅初办《经济学季刊》,等等。但是,办刊物真是十分不易,以上刊物由于各种原因都没有办长久,我查了一下,《新青年》办得最久,总共7年出了83期,与《北大商业评论》现在的历史差不多长。

我们办《北大商业评论》,是受到《哈佛商业评论》的启发。后者创办于1922年,至今已经近80年的历史,常常引领世界的管理思想潮流,在全球有稳定的25万高端读者。随着中国市场经济的成长,随着中国企业的成熟,随着中国文化的苏醒，中国应该开始总结自己的管理思想、建立自己的管理制度、开发自己的管理工具、形成自己的管理软件。因此，我们觉得应该有一本自己的杂志作为这样的园地，聚集一批同道者，一边记录中国企业走过的足迹，一边传播中国管理思想，并以此与世界交流。我们绝不敢与北大的前辈们比水平和影响力，可以继承和比拟的只是一种影响社会的意愿和身体力行的实践。

《北大商业评论》这枝花的最佳土壤当然是北京大学，它不仅是百年厚土，更承千年龙脉。立在这里就有底气，立在这里就有境界，立在这里就有精神。我们的创办经费不足一本类似杂志创办经费的1/20，经常面临经济危机；我们培养的编辑人员不断被同行用两倍以上的薪水挖走；我们为刊物获得合法地位的举措却被人刻意误读……但守得云雾见天开，越是在困难情况下生长的东西，生命力越顽强。最为重要的是，我们办这本刊物是为了一种理想。我经常告诫同事们，不要羡慕别人钱多，不要妒忌别人势大，我们具有独特的精神优势。事实也证明，北大不愧为有容乃大的大学，北大不失为有自我净化能力的大学。我们的团队历经风雨愈发蓬勃。

在第80期发刊之际，我要代表《北大商业评论》感谢所有的读者，感谢所有支持过我们的机构和朋友。我在社会上常常无意中碰到我们的读者，当他们褒扬这本杂志时，我一定情不自禁地照单全收。这种情形经常发生，例如，我刚刚到过李白的故乡，当地的一位市长就是《北大商业评论》的长期读者，他与我素昧平生，却送了我一块李白故乡产出的大石砚，我只好照单全收。作为作者和编者，读者的肯定，尤其是如我们所期望那般的读者的肯定，是对我们最大的奖赏。

回想2003年《北大商业评论》创刊时，我们采用中国元素设计封面，遭到广告代理商的强烈反对。他们认为中国元素给人的联想就是腐朽和没落，何况这本期刊主要的广告主是跨国公司。在这一点上我坚持不让步，但也得在中西结合上下一些功夫，力图使土洋结合。中国人在清朝被洋枪洋炮打败之后，"土"就对"洋"臣服了，然后慢慢演化成了潜意识里的东西。所谓"土"与"洋"已经泾渭分明、根深蒂固："洋"就是好的代名词，"土"就是不好的代名词。尽管现在土鸡比洋鸡贵了、土烟比洋烟贵了、土酒比洋酒贵了、中药比西药贵了、王老吉也比可口可乐贵了，但"土"仍然是不好的，"洋"仍然是好的。在2011年中央电视台春节联欢晚会上，大山说"我是最洋的中国人"，主持人朱军说"你不就是洋人嘛"。他们当然没有贬低中国人的意思，但在潜意识里，洋人还是高于华人的。一百多年的崇洋媚外不会那么快地转变。如果哪一天有人特别得意地表扬自己说"我是最土的美国人"，那么风气才转变了。

最近在美国，一本名为《虎妈战歌》的书掀起了轩然大波。如果中国落后，对于这样一本书美国人只会嗤之以鼻，但今天此书的热度已经说明美国人开始对他们教育模式的优越性和唯一性有所动摇。他们不得不对华人严厉至威逼的教育模式表达极大的关注。其实蔡美儿是在美国出生的华人，她还不算很过分，只是逼孩子，没有打孩子。我想起中国还有"棍棒之下出孝子"的格言，在打孩子是犯法的美国，怎么理解这个传统？更何况，为什么要"孝"呢？一百多年前西方开始关注日本时，日本学者新户渡博士在美国写的一本介绍日本传统的小书，用十分简洁生动的文笔介绍了义、勇、仁、礼、诚、忠等日本传统，他说自己是以"被告"的身份为日本传统辩护的。此书一版再版，到第十版时，他说尽管遗憾，但他还是无法加进"孝"一章，因为他不知道西方人对这个美德的感情而无法进行比较。今天轮到中国要为自己各种各样的理念和行为辩护了。其实"虎妈"也罢、"战歌"也罢，都是美国书商哗众取宠的标题，表明了美国人对中国的担忧。世界在160年里没有把中国当回事，而现在，"虎妈"来了，"战歌"来了。更有甚者，《福布斯》开始教美国女孩如何泡中国富豪的第二代了；德国国防部长的博士论文抄袭，德国媒体却说这是向中国学习的。看来洋妞要追土仔了，洋博士写不出论文却怪土博士了，这世道还真的开始变了。

1840年以后，一个地久天长的民族不断地屈服于西方列强，那种悲哀一言难尽。于是出现了一大批否定祖先文化的知识分子，但今天，这种历史应该结束了，什么都能否定，但祖先的文化不能否定！美国没有主流民族，作为一个国家，美国没有原生的文化渊源，它是从欧洲文化脱胎而来的。在1776年的美国《独立宣言》发布60多年之后的1837年，一位叫做拉尔夫·沃尔夫·爱默生的美国人在哈佛大学演讲后写出一篇题为"美国学者"的文章，被认为是美国的精神独立宣言。爱默生宣告："我们依赖他人的日子，我们充当他国学识之徒弟的漫长时期即将结束"，我们将不再由"外国丰收庆宴上的残羹剩菜来喂养"，"我们将用自己的脚走路，我们将用自己的手工作，我们将说出自己的心头话"。当然，爱默生也许没有想到，今天美国在思想文化上的居高临下实在有些过分，该轮到别的民族，尤其是具有5 000年历史的中华民族不再邯郸学步，而是用自己的脚走路，用自己的手工作，用自己的脑袋思考了。

今天，在新中国成立60多年的时点上，在中国GDP成为世界第二的时点上，让我们模仿爱默生，来诉说中国的精神独立宣言：中华文化可以包容一切，但绝不能丧失自我。中国人缺这缺那，但永不缺独立精神。无论经济一时强弱、科技一时高下、军事一时成败，中华民族永远是历史时空下的精神贵族！

当今中国的管理学学者们仰人鼻息的现象十分严重，以美国人的兴趣为兴趣，以美国人的标准为标准，以美国人的方向为方向，在学术上走入了洋八股的死胡同。一群中国聪明的头脑不关心中国企业的丰富需要，不立足于中国企业管理实践的肥沃土壤，不知晓中国祖先的文化渊源，浪费了宝贵的学术人力资源，误导了风华正茂的青年学子，同时，也得不到中国企业家和社会的认可与尊重。念及于此，我常常感到悲哀。学习是必要的，但祖先早就说过，"学而不思则罔"。就企业管理而言，中国向西方的学习始于1865年创办的江南制造局，中国向苏联的学习始于1949年以后的共和国长子"一汽"，中国向日本的学习始于1978年以后的宝钢。这一轮改革开放又经过三十年，我们还需要不断地学习，但现在迫切需要的是独立思考和创新了。

《北大商业评论》的使命就是要记录中国管理前行的足迹，就是要发布中国管理创新的成果，就是要传承中国商业文明的灵魂，就是要以此与世界交流。80期只是一个新阶段的开始，在《北大商业评论》创刊一周年的时候我就憧憬过它的未来，我希望它将来以多种语言在世界上发行，以中国人和中国文化的视角来点评全球的商业理论、商业伦理及商业实践，来制作一些世界性的排行榜，来引领世界商业潮流。到那时，没有中国一流或世界一流之说，中国一流就是世界一流。

当我把80期的杂志摆在一起的时候，真有琳琅满目、美不胜收之感，7年多的历程历历在目，什么苦和累都值得。用当下时髦的话说，所有的困难都是浮云，用普希金的老话说，"凡是过去的，都是美好的"。

行文至此，我凝练了一下思绪，以三首十六字令作为结束。其一：刊，旨在江湖觅立言。凭人问，风雨我心安。其二：刊，过了一山又一山。回眸笑，情趣在登攀。其三：刊，千古文明一线穿。朝前看，此道遍人寰。

2011.3

钱学森之问呼唤教育家

说到中国教育，回避不了"钱学森之问"。以钱学森先生学问之精、视野之宽、阅历之广、修养之高、涉世之深，他应该是有答案的。他都不回答，我不知道谁还能回答。

由于身在教育界，我也经常想这个问题，窃以为其中很明显的一个问题是当今中国没有教育家，当然我也不能回答中国为什么没有教育家。回顾民国历史，中国很多杰出人才出自西南联大。西南联大成才之多、影响之盛，自中国有大学至今没有能出其右者。抗战伊始，北京大学、清华大学、南开大学共同迁入昆明，合力组建了西南联大。三校本各有独特的理念与风气，然三校融合的西南联大校内作风民主，三位校长共同治校，兼容并包与学术自由充盈校园。其时北京大学的校长是蒋梦麟，清华大学的校长是梅贻琦，南开大学的校长是张伯苓。没有人不认为他们是中国杰出的教育家。在清华大学百年历史上，无人能在梅贻琦之上；在南开大学90年历史上，无人能在张伯苓之上；在北京大学110多年历史上，虽然蒋梦麟的名气没有蔡元培和胡适大，但论功劳，我看他也能排在第一位，尽管他自己说自己只是北京大学的一条"功狗"。

特殊的历史时期使这样三位中国历史上不多见的教育家聚首西南联大，有这样三位校长"共同"治校，难怪出了那么多的杰出人才。在西南联大的校友中，诺贝尔物理学奖获得者就有杨振宁和李政道两位，此外还有邓稼先、朱光亚等两弹元勋和为数众多的两院院士。如果考虑到西南联大存在只有8年，毕业生不过两三千人，则其所培养的精英比例之高，足以傲视全球。

都说没有钱办不好学校，想象一下抗日战争时期西南联大的条件，学校是相当穷困潦倒的，以至于校长夫人都要去打小工或者卖糕点。何况三校一路南迁颠沛流离，种种艰苦非刀笔能尽数。但是，在那种国难当头、民族存亡的危急时期，教书做学问者，读书求学问者，都有很崇高的精神境界和报国情怀。那时的政府对学校无暇顾及，正好给了教育家宽松的治学环境。北洋军阀时期，教育基本就是教育家们在运作。蔡元培与北洋军阀的政治理念大相径庭，而北洋政府还是能够聘请其出任北大校长，对其在北大既不架空也基本不干预。要不是有这种较为宽松的环境，蔡元培所大力提倡的"学术自由、兼容并包"又如何能实现，教授治校又从何谈起呢？到了南京国民政府时期，对于学校的管理已比北洋时期有所加强，但是总体的宽松氛围未改，仍然是教育家主导教育尤其是高等教育的格局。

外部环境固然重要，不过倘若没有那个时代的教育家们自身的君子固穷矢志不渝，其成就和影响自然也不可能令我辈后人高山仰止。中国的教育家，自孔子而下历来把教育看成终生的一项事业而不仅仅是谋生的工作。他们视传承学统和教育救国为己任，以误人子弟为耻，真正是要把一生献身于教育，而不是把教育看成自己获得什么前程或者资本的进阶渠道。"学高为师，德高为范""学为人师，行为世范"。如果教育者内心浮躁、急功近利的话，教育的效果从何谈起？对比前人，反思我们自己，现在确实到了需要为产生新教育家而大声疾呼的时候了。

最近，北京师范大学校长董奇提出了"四不"的承诺，即在担任校长期间"不申报新科研课题，不招新的研究生，不申报任何教学科研奖，个人不申报院士",赢得多方称道。类似的还有北京外国语大学校长韩震提出的"三不"。这使我们看到了中国高等教育的希望。如果他们再加上一条"不谋求当官"就更像教育家了。我非常希望一百年以后有人点评今天中国高等教育的时候,能够点出几个堪称教育家的名字,胜过蒋梦麟、胜过梅贻琦、胜过张伯苓。

世界上的百年名校数不胜数,千年学府也不罕见。学校这种组织存续之久仅次于宗教组织。由此可见,学校有别于其他形式的组织。在今天的中国,我们要用千年的视野来看待大学对人类及民族文明的传承和为人类及民族的未来创造科学文化的意义,不能仅仅将其视为一时之工具。

回顾中国经济改革与发展的历史,改革开放伊始,就创造各种优惠条件积极引进外资,而后鼓励民间资本的发展,然后倒逼国有企业的改革。这个正确的战略造就了今天外企、民企与国企共同繁荣的局面。我相信中国教育改革与经济改革一样,同样需要经过这样一个过程。现在,诺丁汉大学、纽约大学、杜克大学已经落地中国,还会有更多的世界一流大学相继而入。经过20年的发展,中国民办大学也有了长足的进步,去年5个民办大学获得了国务院学位办颁发的硕士学位教育资质,最近数年已经出现了多位中国慈善家捐巨资办学的案例,中国人自己的哈佛大学、斯坦福大学的创立呼之欲出。国外与民办大学的发展,也必然推动现有公立大学的改革。

虽然我们没能回答开篇的"钱学森之问",不过我们有信心,通过教育领域的开放与改革,中国的教育必将会气象一新。到那时,我们将不再需要回答这个问题了。

2012. 9

从基尼系数看社会公平

社会公平是人类几千年的追求,更是社会主义者的理想。

最近,国家统计局公布了自2003年以来的中国基尼系数,2008年达到最高点,为0.491,以后各年分别是0.490、0.481、0.477,2012年降到了0.474。国家统计局不知何故多年不发布这个数据了,现在发布的数据似乎给人感觉中国的贫富悬殊问题正在得到改善,哪怕是微弱的。

但是,这个数据的发布引发了很多议论。马建堂局长认为,因为高收入人群的调查不易,故数据偏低;以研究灰色收入著称的经济学家王小鲁说,如果考虑到灰色收入,基尼系数会更高;西南财经大学研究机构计算的基尼系数是0.61;社会大众普遍认为国家统计局的数据偏低,尤其是从2008年以后逐年下降与事实不符,因为这很难解释房地产市场、汽车市场、奢侈品市场、海外旅游市场的火爆,很难解释2011年银行的个人存款高达35万亿元、2012年高达41万亿元,很难解释社会强烈的不满。《新京报》发表了一篇文章,题目是"基尼系数高低之争:连童话都不敢这么写";关心基尼系数的人越来越多,研究基尼系数问题的论文从2003年的1 000篇增加到2011年的3 670篇。基尼,这个意大利经济学家的名字代表的含义牵动着亿万中国人民的心,牵动着大家对社会公平的理解和期盼。

一个社会的效率与公平是永恒的矛盾,大国和小国的效率与公平很难比较,就基尼系数的概念而言,0.4是警戒线,0.6是贫富悬殊严重。据说世界各国基尼系数的平均数是0.44，平均数就在警戒线之上，说明这个世界总体是不公平的。在162个国家中，基尼系数高于0.47的有34个。在发达国家中，美国超过0.4，其他福利国家一般在0.3以下。但我们知道，很多发达国家都是小国，相比之下北京和上海都比这些国家大。中国太大、太复杂。中国刚刚从"吃大锅饭"不讲效率的平均主义时代走出来，"时间就是金钱、效率就是生命"的改革口号犹在耳边。

当然，这没有理由来说明我们的基尼系数就应该超过世界平均水平，就中国坚持的社会主义国家性质而言，其社会公平程度应该高于资本主义国家。中国目前是世界第二经济大国，可以比较的对象是美国，世界在2000年时就开始热议中国经济可能在未来的几十年中超过美国；2008年美国经济危机后，中国仍然保持高速发展，更使得大多数人相信中国经济在不远的将来能够超过美国，我也是深信不疑者之一。那么，作为坚持中国特色社会主义信仰的中国和典型美国特色资本主义的美国之间的竞争就不仅仅是在经济效率和经济成果方面，还要在社会公平方面。

因此，我们期待的国家目标是：经济总量超过美国，基尼系数低于美国。如果一定要给出个时间，那会是……20年？我们应该都能够等到，我们也应该为之共同努力，我们相信中国政府和中国社会有智慧、有能力实现这个平衡的目标。

2013. 2

我是志愿军米粉

几年前,我从郑州回北京,在候机室里,突然有一堆人冲进来围住我旁边一个邻家女孩要她签名,我问她是谁?别人告诉我是李宇春,我仍然不知道谁是李宇春。下了飞机走出来,又看到一大群人在机场出口举着李宇春的照片、抱着鲜花等候。后来我才知道,这些人叫做"玉米"。现在,有不少年轻人是什么的迷、什么的粉,例如苹果的爱好者叫做"果粉"。

如此,我也会想我可能是什么"米"、什么"粉"。答案是,我是志愿军米粉。因为我的枕头边、马桶边都放着关于朝鲜战争的书籍以便随手翻阅,其中有中国人写的、美国人写的、日本人写的,有很久以前出版的、有刚刚出版的。几年前与王石、张跃等企业家聊天,发现他们也是志愿军米粉,我们约好找时间到朝鲜去沿着志愿军的路线走一走。后来他们真的去了,而我因为上课走不开没有去成。还好他们回来说那一趟没有意思(因为管制很严不能乱走),否则我会觉得非常遗憾。我想自己以后一定会创造条件去走一次,尤其要去长津湖附近的柳潭里、古土里、下碣隅里、真兴里等地看看,然后过黄草岭、跨水门桥,过咸兴到兴南。所有志愿军米粉都知道我说的是什么意思,那是志愿军第九兵团与美军海军陆战队一师惊天地、泣鬼神的战斗之处,这几个地名常常令我梦魂萦绕、千回百转。

今年7月27日,是《朝鲜停战协定》签订六十周年。可现在,朝鲜与韩国战争阴云再起。习近平主席说,和平犹如空气,存在不觉珍贵、失之难以生存，中国不希望看到有人因一己私利而搅乱世界。这个序幕提早拉开了我对朝鲜战争六十周年的纪念。

十年前我在北大光华的课堂上讲战略管理，举了很多军事战略的案例，尤其是朝鲜战争的案例，令很多学生动容。我还在课堂上说，美国人自觉地不拍朝鲜战争的电影，因为那是他们的心头一痛。有一次课后，几个EMBA学生和我聊天，我说如果到我退休，还没有人拍出关于朝鲜战争的好影片，我就会来做制片人，拍一部关于志愿军的电影。有一位学生说，他来投资而且不求回报，因为他爸爸是志愿军战士。他问我拍哪一段？我说长津湖之战。今天，美国人正在拍摄《冬季十七日》，拍的就是长津湖战役。今年人大会议上，八一电影制片厂厂长黄宏说他们已经向上级打报告申请拍摄长津湖之战题材的电影，冯小刚自告奋勇要求担任导演。我感到欣慰，终于轮不到我来担任制片人了。我很期待中美两国如何拍摄这样一个题材，它是否符合我作为一个电影观众和志愿军米粉的要求。

长津湖之战，是志愿军的战略胜利，志愿军成功将美军打走了，但没有取得战役上的胜利。因为美军海军陆战队一师突破了志愿军十倍兵力的重围，成建制地带着重武器装备突围走了。坦率地说，双方都有可圈可点、可歌可泣之处。

如果我来拍电影，我会用情节表达三个重点：一是两军将帅们的斗智斗勇。美军将领们是清一色的西点军校精英，全部经过第二次世界大战的洗礼，如沃克、麦克阿瑟和后来的李奇微、范佛里特、克拉克。我军全部是自己培养的"土包子"，经过国内战争的血火历练，如彭德怀、邓华、张震、杨得志、宋时轮、韩先楚，等等。二是两军的精神较量。志愿军拼死战斗是为了保家卫国、捍卫中国人民刚刚到手的胜利果实。美国军人拼死战斗是为了什么？李奇微后来在回忆录里说，他反复思考这个问题，答案是：军人必须相信自己政府的决策、相信自己是为正义而战，另外是出于军人的责任感和军队的荣誉感。中国领袖毛泽东的儿子牺牲在朝鲜战场上，美国方面，也有142名将军的儿子参战，死伤35人，包括沃克的儿子和范佛里特的儿子。三是战役中的两军激战。美军的精锐部队在朝鲜战场上与志愿军较量，对于志愿军的战斗精神和作战能力深感敬佩，志愿军也认为美军王牌部队十分凶悍。参加过第二次世界大战的美军老兵认为，即使战争中与德军精锐部队交手也不及与志愿军的战斗激烈。

在长津湖战役中，美军海军陆战队一师从下碣隅里到古土里撤退的18公里路上，用了23小时，平均每小时只能前进782米。美军的武器装备极其先进，他们在要经过的唯一桥梁水门桥被志愿军炸毁后，从东京空运了8套钢制架桥设备和4套木制架桥设备，迅速修建了桥梁，使得机械化重型装备全部得以通过。而我军不用说武器装备与之差别巨大，连衣食都不足，在零下20℃到40℃的环境下，有的部队9天才能吃上一顿热饭。27军的文件写道："食物和居住设施不足，士兵忍受不住寒冷，非战斗减员达1万人以上。手脚冻得不好使，士兵冻得连手榴弹的弦都拉不出，武器不能有效使用，迫击炮的身管因寒冷而收缩，迫击炮弹有七成不爆炸，士兵手的皮肤与炮弹和炮身黏在一起了，许多士兵的手冻结在步枪上无法分开。"志愿军81师242团第5连的100多人在战斗打响后没有一个人站得起来，全部冻死在阵地上。幸免的只有一个掉队的战士和传达命令的通讯员。在这样的条件下，志愿军仍然进行了猛烈的战斗，以巨大的牺牲换取了战略胜利。

日本陆战史研究会写道："中国军队在美军完全掌握了制空权的情况下，虽然苦于缺乏装备、弹药、食品和防寒用具等，但仍忍受一切艰难困苦，忠实地执行命令，默默地行动与战斗。这就是毛泽东所提倡的'不管在任何艰难困苦的场合，只要还有一个人，这个人就要继续战斗下去'的勇敢精神。

好像对美军炽热的火网毫不在意似的，第一波倒下，第二波就跨过其尸体前进，还有第三和第四波继续跟进。他们不怕死，坚持战斗到最后一个人的姿态，仿佛是些殉教者。据说对面的美军官兵，也在惊叹其勇敢的同时，感到非常可怕。"

我在遇到困难的时候，经常会想起志愿军将士的身影和朝鲜战争中的战斗情景，我觉得没有什么比志愿军更难。我感到遗憾的是，他们在祖国的地位还不够高，宣传还不够足。更加遗憾的是，许多志愿军战士都是无名英雄。我幻想有一面巨大的墙，铭刻着每一位志愿军战士的名字，他们用生命为我们赢得了自鸦片战争以来的民族尊严，他们每个人的名字都应该被我们世世代代铭记。

志愿军战士，我是你们的米粉，还有很多很多人是你们的米粉。也许有一天，我们这些米粉会组成米粉团，来寻找每一个逝去的名字，用合适的方法来表达对你们的崇高敬意！

2013. 4

中国梦与美国梦

习近平主席提出了中国梦的说法，并解释中国梦是要实现中华民族的伟大复兴。于是，中国梦成了热点名词，我在百度上搜索了一下"中国梦"，有8 000多万个网页，各种对中国梦的解读也纷纷出炉。

"美国梦"的定义很明确，是指个人可以不依赖原来的出生背景，通过自己的努力而获得成功，尤其是指获得财富的成功。这已经约定俗成，大家都这么理解，没有什么歧义。而且，美国梦似乎从美国建国开始一直延续到现在。但中国梦的概念似乎比较含糊，怎样才算是中华民族的伟大复兴？中国梦可以做多久？还是一直可以做下去？

我刚刚出差回来，在飞机上读到海南航空公司在庆祝自己20周年纪念时，解释中国梦是到2021年中国共产党建党100周年时实现小康社会，到2049年中华人民共和国成立100周年时实现国家富强的目标；海南航空继而阐释了自己到2021年的梦想。我也读到有人用美国梦来套中国梦，强调个人的自由发展。我还读到有的学者写文章说中国梦没有标准版本，甚至不需要标准版本。

在我眼中，中国梦与美国梦有三点不同：首先，美国梦表达了美国的制度自信，中国梦表达了中华民族的文化自信。其次，美国梦强调的是个人，中国梦强调的是民族。最后，美国梦是针对未来的，中国梦是针对历史的。

美国是典型的多民族国家，没有主流民族，也不可能强调主流民族；而中国是一个汉族占绝大多数的国家。美国思维是自下而上的，美国梦强调一个个独立个体的梦，但并不认为个人的梦会破坏国家的梦（相反，个人的梦是在国家设计的制度下实现的）；中国人的思维是自上而下的，强调民族和国家的梦想（同样，也并不排斥个人在民族和国家实现梦想的过程中实现个人的梦想）。美国的历史很短，只有200多年；中国的历史很长，姑且说有4 000年。过去有人形象地说，这世界不公平，我们跑完4 000米后，裁判员说现在有新运动员加入，开始跑200米的比赛。其实历史没有什么公平不公平，好在这个比赛也不是200米后就结束了，而是一场没有终点的马拉松，结果要看以后的4 000米、40 000米……

依我看，中国梦是中华民族恢复和保持世界强国地位，为世界的发展和人类的未来负主要责任的一种追求，是"修身、齐家、治国、平天下"的责任。这是中国自有历史以来的大国地位和悠久文化的状态决定的，不是一个拥有不长历史的小国家、小民族能够理解和想象的。这种追求在历史长河中一以贯之。毛泽东站在天安门城楼上宣布中华人民共和国成立时，纪念的是上溯到1840年以来为中华民族的崛起而抛头颅、洒热血的志士仁人。西方思想家、政治家、军事家都在中国最衰败时预言过中国是一只东方睡狮或者睡龙，它一旦醒来会势不可挡，就是基于这种对中国历史和文化的认识。

至于个人梦，在今天的中国社会，借改革开放大势实现了个人梦想的人比比皆是。美国《福布斯》杂志从2003年开始把中国人列入世界十亿美元富豪排行榜的统计中。当时中国第一富豪的财富总数是30多亿元人民币，十年后的今天，中国是美国以外富豪总数最多的国家，在1 426位中占了122位，第一富豪宗庆后的财富总数是700多亿元人民币。要注意，这是在中国很多产业还没有向个人开放的情况下取得的，排在中国后面的是俄罗斯、德国。

西方很多小国可以是民富而国不强,有些大国也可能是民富而国不强,在中国,任何执政者都不可能容忍民富而国不强。因此,中国梦绝不会是每个个体的梦想,而是一个民族的梦想。

2013.6

中国革命与组织成长
——纪念毛泽东诞辰120周年

2013年12月26日是毛泽东诞辰120周年。他离开这个世界37年了，影响仍然巨大。哪怕他辞世370年、3 700年，他在中国历史和世界历史上的地位都会是非凡的。他最新的国外传记的作者、英国历史学家肖特说："从某种意义上说，他是迄今为止人类历史上为数不多的领袖人物之一。"

作为管理学教授，我觉得中国革命和中国建设总结出来的思想、理论以及实践，会是中国管理理论的一个重要来源。另外，以毛泽东为首的中国共产党人领导的中国革命实在是可歌可泣、精彩绝伦。无论在规模、时长、困难程度、区域范围、影响人口等哪一个方面，它都比美国革命精彩、比英国革命精彩、比法国革命精彩、比苏联革命精彩。而且，还交织了美国、苏联、日本等世界强国对于中国革命的影响和干预，非常复杂。仅仅就此而言，回顾历史，我们也应该对毛泽东等中国共产党的领导人表达无限的敬佩。我们很多人或多或少都是某个组织的领导者，谁敢于和中国革命的组织及其领导者相媲美？不用提什么小巫见大巫，连万分之一都比不上。用土话说，叫做连替中国革命领导人提鞋的资格都没有。

今天，在研究企业组织成长的时候，我觉得可以借鉴中国革命中的组织成长，组织无论是什么性质，还是有一般规律的。因此，我们正在打磨一门中国革命与组织成长的课程。该课程结合体验式教学，要走六个地方：

上海、井冈山、遵义、延安、西柏坡、北京。它涵盖了中国共产党成长的重要地点。所谓"读万卷书，行万里路"，是在特殊的地点读相关的书，那气场、那感觉、那收获是不一样的。

在上海召开的中共一大对企业组织的启示是，一个伟大的组织在创建初期就要有使命、愿景、目标。一个伟大的组织要有强烈的精神追求。到一大会址，看到当时13个代表（其中包惠僧是受陈独秀个人委派参加会议），代表着53个中国共产党党员，后来居然彻底改变了中国的命运并影响了世界，不可能不肃然起敬。在13个人中，张国焘、陈公博、刘仁静、包惠僧四人是北大学生；董必武、李达、李汉俊、周佛海是从日本归国的留学生；毛泽东、何叔衡、陈潭秋、王尽美是师范学生（中专生）；邓恩铭是中学生，几乎都是书生，平均年龄27岁。看这些人的学历、阅历、能力、财力、资源、地位、影响力等，怎么也推断不出其将来能够成就大事业。在一大上，他们做了三件事：第一，写了高瞻远瞩、大气磅礴的《中国共产党纲领》；第二，写了脚踏实地、具体细致的关于当前实际工作的决议；第三，选举了中央局领导机构。请注意，这个会在上海开了8天，虽然有2天理论上的休会，但也是为了起草文件，后来在嘉兴南湖的游船上还开了1天，总共9天，可见会议上有很多讨论、很多争议，开得很不容易。对于今天不少企业的创业团队而言，倒是经常有明星组合和能人。我常常会要求那些学历更高、资历更深、资源更多、影响力更大的创业者们与当时那13个人比一比，能否在组织初创时有更高一点的精神境界、更远大一点的理想抱负，同时这并不影响务实，例如乔布斯的名言"活着就是为了改变世界"。另外，在这13个人中，只有毛泽东、董必武2人后来站在了天安门城楼上，其他5人牺牲或者病逝了，6人脱党、被开除或者叛变了。可见创业之艰辛和初创者可能未必是后来的同路人。还有，由于环境复杂，《中国共产党纲领》原文丢失了，现在的文本是从第三国际的俄文和陈公博后来在美国哥伦比亚大学的英文论文附件翻译过来的，意思犹存，文采却不再了；而且，其中的第11项条款永远缺失了。它提醒我们要在意自己的历史文件和材料。例如，我在泰康人寿企业博物馆看到的第一份历史文件是陈东升当年随中国青年代表团访问日本，参观一家保险公司时写在笔记本上的未来创建一家保险公司的构想，现在看来计划小得可怜。但是，后来一个真正的保险公司真的轰轰烈烈地办起来了。

1927年，在白色恐怖中，中国共产党体会到"枪杆子里面出政权"的深刻道理，发动了南昌起义和秋收起义。起义失败后，队伍上了井冈山，随后建立了根据地。在井冈山地区的三湾，毛泽东对起义部队进行了改编，把残余部队改编成一个团："工农革命军第一军第一师第一团"（注意，仍然是成军的建制）。毛泽东做了两件意义深远的事：一是建立了党指挥枪的组织原则，以及支部建在连上，每个班有党小组、每个连有党支部、营以上有党委的组织治理机构。这种看起来很难操作的"两长制"，后来一再体现了其正确性和强大的威力。二是建立了组织的重要规章制度，即制定了《三大纪律六项注意》，后来变成著名的《三大纪律八项注意》。1947年10月10日，毛泽东重新起草了《中国人民解放军总部关于重新颁布三大纪律八项注意的训令》。三大纪律是：一切行动听指挥；不拿群众一针一线；一切缴获要归公。八项注意是：说话和气、买卖公平、借东西要还、损坏东西要赔、不打人骂人、不损坏庄稼、不调戏妇女、不虐待俘虏。虽然少数内容和语言表述有些不同，例如，八项注意第一条原来是"上门板、捆铺草"，因为战士们睡觉经常是从老乡家卸门板来当床板，再铺上稻草，所以如果不及时帮助老乡上回门板，由于各家门板的规格不一致就会导致混乱；又如，"不调戏妇女"原来是"洗澡避女人"；还有，根据有些记载，当时的八项注意最后一项是"远离房屋大小便、离开之后要掩埋"（这使我想起张瑞敏在海尔初期发布的纪律中也有不准在车间随地大小便的条款）。但是《三大纪律八项注意》的主要精神和内容是一以贯之的。我们知道，当时的士兵是由未受训练的国民党叛兵、武装的工人、农民、流浪者、土匪组成的，而且是在失败的悲观气氛中、在人员不断流失的情况下来到了井冈山。在那个时刻，毛泽东建立了组织原则、组织治理结构、组织的重要规章制度，展示了一个伟大的组织的初期特征，奠定了一个组织未来成功的基础。现在，每一个创业者都可以想一想你如何改造和带领由于各种原因聚集在你身边的初创团队成员？你的组织原则是什么？你的组织治理结构是什么？你的核心规章制度是什么？1973年12月12日，毛泽东在八大军区司令员对调的命令宣布会上还亲自指挥中国人民解放军最高级别的将领们唱了《三大纪律八项注意》，可见其重要性和深入人心的程度。毛泽东进井冈山时几百人，出井冈山时已聚集近10万人。

2013.12

从井冈山到北京
——再论中国革命与组织成长

我在《北大商业评证》2013年12月期的刊首语中论述了企业组织在成长的不同阶段应当向中国革命中的中共党组织和军队组织学习，向它们的管理借鉴智慧、借鉴经验，不断地发展成为一个伟大的组织。由于篇幅原因，当时只论及了中共一大和井冈山。此处，我想再谈一下中国革命的不同阶段对组织成长的借鉴意义。

中共一大召开时只有53个党员，其13位代表花了9天时间制订了党纲和当前工作计划，选举了领导机构。这给我们的启示是，一个组织在诞生之初，就应该充分讨论好组织的愿景、使命和目标，并且脚踏实地一步一步前行。

在井冈山，毛泽东在建军之初就进行了革命理想教育，对不愿意参加革命的士兵发了遣散费；确定了支部建在连上、党指挥枪的组织原则，制定了《三大纪律八项注意》。其启示是，一个组织在建立之初、在最困难的时候，就要有理想和理念的教育，就要有严密的组织原则和组织架构，就要有严明的纪律。毛泽东进井冈山时只有几百人，一年多后已成为数千人的红四军；到达赣南后仅三四年，以这支部队为基础发展起来的中央红军，已经达到近十万人！

1935年1月红军占领遵义时，只剩下3万多人，这主要是由于当时党的领导人所犯的错误。在遵义会议上，中共的20位领导人进行了激烈辩论。在这些领导人中，大多数有留洋背景，如博古、张闻天、刘少奇、刘伯承、王稼祥、凯丰等人是留苏的；朱德、周恩来、李富春、聂荣臻是留法的。但他们当中的绝大多数人认为土生土长的毛泽东代表着正确路线，只有2人支持博古。

遵义会议是中共领导班子走向成熟的标志。遵义会议的启示是，为了组织的共同利益，一个组织内部的斗争是必要的。一个优秀的组织应当有能力纠正自己的错误，包括纠正错误思想、错误领导、错误战略。企业组织因领导者不能自我纠正错误，也没有组织纠错程序和能力而走向失败的案例比比皆是。

在延安，中共出于大局和实际需要，向国民党作了妥协，放弃复仇，停止暴动，改变旗帜，换掉军装；在复杂环境下，忍辱负重，养精蓄锐12年，奠定了未来胜利的基础。当时，红军士兵要换上国民党军的军服，感情上几乎都难以接受，换装时很多人痛哭流涕。大敌当前，主要矛盾转移，最大的敌人变成日本人，出于民族大义，也出于自己的生存和发展的需要，中共毅然决然地作出了重要决策。

中国革命的组织在延安从思想上、理论上、组织上走向了成熟。延安的启示是，一个组织必须在复杂的环境中，抓住主要的矛盾，其他次要矛盾要服从主要矛盾；一个组织在必要时要学会妥协，放弃历史上的恩恩怨怨；一个组织在发展中要利用一个稳定的时期，总结内省，走向成熟。

西柏坡是中国革命走向全国胜利前的一个小站。从战略上看，毛泽东在这里指挥了三大战役。从组织成长的角度看，毛泽东在这里作了接收全国政权的准备。一个艰苦奋斗的组织在取得巨大成功之后，一定会有腐败产生。毛泽东在西柏坡写道："因为胜利，党内的骄傲情绪、以功臣自居的情绪，可能生长""可能有这样一些共产党人，他们不曾被拿枪的敌人征服过，他们在这些敌人面前不愧英雄的称号；但是经不起人们用糖衣裹着的炮弹的攻击,他们在糖弹面前要打败仗。我们必须预防这种情况。"这就是新中国成立后迅速惩治贪官张青山、刘子善的基础。

1910年,17岁的毛泽东写下一首题为《咏蛙》的诗:"独坐池塘如虎踞,绿杨树下养精神,春来我不先开口,哪个虫儿敢作声。"1949年9月30日傍晚,毛泽东和政协全体代表来到天安门广场为人民英雄纪念碑奠基,他起草了碑文:"三年以来,在人民解放战争和人民革命中牺牲的人民英雄们永垂不朽!三十年以来,在人民解放战争和人民革命中牺牲的人民英雄们永垂不朽!由此上溯到一千八百四十年,从那时起,为了反对内外敌人,争取民族独立和人民自由幸福,在历次斗争中牺牲的人民英雄们永垂不朽!"毫无疑问,这个纪念碑是纪念战争和革命英雄的。但在未来某个时点,也会有一个纪念中国建设者们的纪念物,而这些中国建设者们,显然从中国革命者那里继承了精神、吸取了养分。

毛泽东还为从革命党到执政党的转变作了充分的思想和组织准备。他说:"中国的革命是伟大的,但革命以后的路程更长,工作更伟大、更艰苦……我们不但善于破坏一个旧世界,我们还将善于建设一个新世界。"毛泽东在延安就开始思考明朝灭亡的原因,推荐干部读郭沫若的《甲申三百年祭》。西柏坡对于企业组织的启示是,企业在获得巨大成功时,也会带来腐败,带来争权夺利、效率下降、斗志衰退。例如,在上市时,在获得巨大利润时,在组织高速膨胀时,等等。企业组织在此之前,也应当有思想和措施准备,防止和克服这样的问题。不能解决这些问题的组织,都必然再从成功走向失败。

1949年10月1日,毛泽东在天安门城楼上庄严宣布中华人民共和国成立,中国革命由此进入了建设时代。在今天的中共一大会址周边,是一个叫做"新天地"的建筑群,由香港资本家投资建设。这个"新天地"与中共一大党纲上写的要建立一个没有阶级、没有压迫、没有私有财产的新天地不是一回事。但这正说明了中共是一个与时俱进的组织,是一个不断探索和建设"新天地"的组织(最近,发现了毛泽东在湖南一师时写的那篇叫做《心之力》的全文。在文章中,有"与时俱进"这个词)。

中国革命的组织是因为有了毛泽东而从胜利走向胜利的。当然,中华民族必然英雄辈出,今日的中国也孕育着未来的伟人。正如1906年,13岁的毛泽东在井边咏的一首诗:"天井四四方,周围是高墙。清清见卵石,小鱼囿中央。只喝井里水,永远养不长。"

2014.2

四十年后的感恩

感恩是人类最美好的精神之一,几乎所有宗教和文化都深植于感恩精神的土壤之中。但是,现代科学技术和市场制度发展之后,人类的感恩精神普遍减弱。例如,过去我们感恩上天风调雨顺,使我们五谷丰登,现在依靠科学技术,不需要感恩;又如,过去我们感恩对我们有所帮助的人,现在我们认为各种服务都可以用钱买到,不需要感恩;再如,现在很多人忙得连想想感恩的时间都没有。

我在大学毕业时,一位我敬重的老师就告诫我,一旦有所成就,千万不要说我是靠自己的奋斗成功的。一个人的成功是诸多因素造成的,有大有小,有刻意有无意,有直接有间接。说"是靠自己的奋斗成功的"的人是自我的,是缺乏感恩精神的,是不客观的。

8月9日至10日,我的40多位高中同学在北京聚会,纪念高中毕业40周年。我的高中是在福建省龙岩一中度过的,那时我随着父母下放到龙岩。当时我们班上来来去去共70位同学,毕业时是57位同学。目前在北京工作的除了我之外还有一位是个将军,同时也是学者。我们发起了北京聚会的建议,聚起了40多位同学,也请来了当时的班主任老师,她今年76岁,没有来过北京。虽然当年我是班长,他是组长,但这次聚会首功在他。这次聚会丰富多彩,每一个人都终生难忘。聚会的第二天晚上,同学们自编了一台水准很高、感人至深的节目晚会,主题是学生时代的回忆和感恩老师。40年后的感恩，完全是真情流露。晚会上，大家泪光闪闪，多次与老师深情相拥。大家频频地说，"庄老师，我们爱你"，老师也频频地说，"我爱你们"。有同学带了孩子或者孙子，老师也带了孩子和孙女，下一代和二代也深受感动与教育。他们说根本不可想象他们的同学之情、师生之情40年后还能有这样的浓度，他们对他们的班主任没有特别的感情。

同学聚会一结束，我就到湖北山区进行了七天七夜的全封闭式修学，其中一个环节就是在静坐冥想中感恩，我细细回顾了一生中对我有帮助的所有恩人，有老师、有上级、有下属、有朋友、有亲人，甚至也有在客观上伤害过我，同时也历练了我、鼓励了我的"仇人"。虽然我未必有机会给予每个人直接的恩报，但心中的感念必须长存，并且在有机会的情况下表达感恩和报恩。这一次与高中班主任聚会时，我向她表达了深深的感激之情，在她当年的目光中，我体察到的不仅仅是师恩，还有母爱的光芒。她是语文老师，我就对语文课和作文特别在意，因而奠定了自己的文字功底。在感恩的冥思中，一个个模糊甚至淡忘了的名字全都浮现出来。例如，我的幼儿园园长田振英老师，小学低年级班主任王舜英老师、高年级林学舜老师，初中班主任陈练照老师，高中班主任庄秀珍老师，大学辅导员颜金泉老师，硕士生导师廖泉文老师，博士生导师苏东水老师，博士后导师厉以宁、曹凤岐老师。所有老师对我都恩重如山，我不可能因为今天自己成为大学教授就忽略了幼儿园老师等早期启蒙阶段的老师给我的滴水之恩。

在今天的MBA与EMBA教育之中，甚至其他阶段的教育中，买卖观念或者潜意识中的交易观念显而易见、普遍存在。学生认为交了钱就应该买到知识、买到服务，因此常常表现出客户心态和客户行为。教师也衍生出交易心态和市场行为，有多少教师让学生体会到为父、为母、为兄、为姐的感受？在市场经济环境下这似乎无可厚非，其基础是强调职业精神，双方尽到

毕业四十年后,与庄老师(前排左起第8位)、高中同学相聚北京

职业责任即可。但是，可以想象，如果40年前我们的班主任老师对我们这些十六七岁的孩子仅仅尽到职业责任的话，我们绝对不会有今天这样发自内心深处的感恩之情。曾经有学生出自好心与我辩论，批评学校的客户导向和服务意识不足，他认为应该向企业对待客户那样完全以学生为导向。我说，我一方面认可你的批评，另一方面我要强调教育规律和教育规则，工商管理教育既要遵循市场规律和规则，也要遵循教育规律和规则。他立即有些不屑地反问什么是教育规律和教育规则？我看了他一眼，认为他当时可能听不进去，需要恰当的时机。因此我说这个话题以后再讨论吧，我们先接受你批评的这一面。教育规律之一是老师对学生要有爱。这种爱不是像服务客户那样无限迁就学生，这种爱可能以严厉的面目出现，这种爱可能体现在说一些你当时听不明白的东西，这种爱可能体现在要求你做一些当时你认为没有意义的事情上，这种爱可能认为你有自己不知道的盲点。爱，是钱买不到的东西。商家可以把客户当作上帝，但他是不会爱这种上帝的。作为学生，即使缴纳了不菲的学费，还是要保持一种谦恭的学生心态，保持感恩之心，而不是强烈的消费心态。这样，学生在学习和做人方面都会收益更多。

让我们提醒自己，在市场经济制度下，也要常存爱心，常存感恩之心。

2014.8

偶像何在

元旦放假期间，晚上打开电视机，看到湖南卫视正在播出《2014 WHY ME——李宇春演唱会》，舞台、灯光、布景之华丽，主角造型、化妆、服饰之华美，令人感叹；更壮观的是现场约十万人的呼应气势磅礴，蔚为壮观，令人惊叹。

我联想起两个历史镜头：

一是约十年前，我从郑州机场飞北京，坐在头等舱休息室内，旁边坐了一个邻家女孩，突然有一堆人跑进来找她签名，她泰然自若地为大家一一签名，我问边上的乘客："她是谁啊？"答曰："李宇春。"其实我也不好意思再问什么李什么宇什么春？问了也白问，肯定还是不知道她是谁。到北京下了飞机，我走出机场，看到一堆人举着李宇春的照片、名牌、鲜花，等等，在门口等候着她出来。我回到家终于弄明白了她是"超女"。

二是1985年，我第一次去美国，在纽约，主人邀请我们去听一场"Rock and Roll"的演唱会。那是一个巨大的体育场，现场有几万人，演唱者应该很有名，但我记不得他的名字。现场音乐震耳欲聋，全场观众疯狂地全部站立喝彩并随着音乐扭动肢体。记得我们是一行五人（四个客人加一个主人），当所有人都站起来的时候，我们五个人冷静地坐在那里显然是很奇怪的，于是另外四个人坐不住了，都站起来随着音乐扭动着身体。1985年，中国的开放还在初级阶段，我是作为"团长"出访的，还要有一些矜持之态，何况那个音乐也并没有打动我、感染我。但到后来我实在坐不住了，只好站起来，微微地动一动身子。后来好像我们实在待不住，就提早退场了。

今天，中国歌迷对歌星的崇拜一点也不亚于美国，甚至于有过之。今天，中国的机构对歌星的包装推广水平也几乎不亚于美国，从李宇春这一场晚会结束时拉出的长长一串工作人员名单就可以看出，有各种各样的头衔，包括"营销策划"，等等。

我当然不能否定李宇春，她能够红十年一定有她的道理，我也不用去查她的经纪公司、她的市场价值，等等。她肯定是市场的产物，是电视产业、音乐产业、演艺产业的一个产品，有一只市场的手在制造这个产品，在维持这个产品，在尽量提升这个产品的价值和质量，在延长这个产品的生命周期。从市场经济的角度来理解，这是正常的、合理的，这证明中国与国际接轨了，中国进步了。

但是，站在社会的角度、站在价值观传播的角度、站在文化的角度，一个国家的民族偶像，即使是当期的偶像，应该也不能仅仅由市场的手来一手塑造。如果市场塑造偶像的能力很强，其他社会力量的手塑造偶像的能力很弱，那么文化一定会有问题、价值观一定会被扭曲、社会一定不健康。

因此，社会管理者希望有主旋律，希望引导社会的价值导向，是应当被理解、被尊重的。只是这只手，或者其他社会力量的手如何与市场的手抗衡或者平衡而已。

今天，虽然社会管理者塑造的偶像之传播力量是很弱的、是得不到社会共鸣的、是难以打动人心的，但其他社会力量塑造偶像的能量更是微弱。因此导致当今社会的偶像几乎都是歌星、影星、体育明星。换一句话说，都是市场的手塑造的偶像。

我没有研究抗日战争时期的文艺偶像们是谁、是怎样被塑造出来的，但依稀觉得他们是作曲家或者词作家,例如聂耳、冼星海、田汉,等等,似乎由谁演唱并不是那么重要,也许当时的演唱和传播感染力没有那么强的技术表现手段。如果有人认为那是特殊时期,那么一个国家和民族和平时期的偶像仅仅是歌星的话,打起仗来,整个社会可能就会"隔江犹唱后庭花"。

2014年是甲午年,120年前那场"甲午战争"把中华民族钉在耻辱柱上,使得至今日本还有人趾高气扬。日本人可以到靖国神社去悼念他们自明治维新以来的"民族英雄",其中不乏偶像,我们的抗日英雄呢?我们的抗美英雄呢?我们有这样的偶像吗?我们的年轻人有非歌星的偶像吗?

前几天,微信圈里传了一个老复员军人拿着"赠给最可爱的人——中国人民赴朝慰问团"的搪瓷杯子讨饭的故事。这个老兵是将门之后,问他:"哪年入伍的?"老人回答:"1946年。""哪个部队的?""华野六纵(原新四军六师)的。""纵队司令是谁?""王必成啊。"今天,还有多少人知道王必成,那个我军的战将之一?我几乎不相信这个故事的真实性,但还是忍着眼泪,为当年倒在朝鲜战场上的志愿军战士心酸,为这个老兵心酸,因为他们是我的偶像,从少年时代、青年时代一直到现在。有了这样的偶像,心里绝对容纳不下那些在舞台上"光芒万丈"的歌星们。

我认真地在网络上搜了一下"李宇春",她的勤奋、她的成就、她的公益行动都在我的想象之上,但我仍然不认为她应该成为青少年的偶像,成为当代社会的偶像。她的经纪公司是天娱传媒——湖南卫视的全资子公司,旗下签约艺人共69人。李宇春只是它们最成功的产品之一。

我忽然异想天开,希望有一家由公益基金支持的造星公司,来塑造能够作为当今社会青少年偶像的人物,与李宇春们抗衡一下,与市场之手较量一番。

2014.12

篇四
Part 4

中国全球化

中国全球化 / 在巴黎听习主席演讲 / 与费尔普斯同行 / 在瑞士的国际化遐想 / 大阪对企业家的敬意 / 傅高义的邓小平时代 / 西方汉学家的中国解读 / 感受以色列：危机感 / 感受以色列：传统的传承 / 香港小店的员工

中国全球化

全球化好吗？我不知道。全球化导致文化冲突、贸易摩擦、货币战争，甚至引发恐怖袭击、军事冲突。但是我知道，不管好不好，世界已经全球化，正所谓"世界是个小村庄""地球是平的"。用莎士比亚的名言来说："To be or not to be？"反正好也罢坏也罢，它已经"be"在那里了。

各种事物全球化后，教育也不可避免地在全球化。两年前我决心在瑞士开展中国的教育全球化试验后，碰巧李克强总理到瑞士与瑞士联邦政府签订了中国与欧洲国家的第一个自由贸易协定。13亿人口的市场与800万人口的市场之间的自由贸易，显然瑞士的收益会更多。为什么是瑞士？因为瑞士处于欧洲的地理中心；因为瑞士是中立国；因为瑞士是第一批承认中华人民共和国的西方国家之一；因为瑞士是西方与中国第一个合资工业企业的母国；因为瑞士是第一个承认中国完全市场化地位的国家。于我而言，还因为瑞士是最国际化的国家，是拥有国际组织最多的国家；还因为瑞士的金融管理、财富管理、酒店管理、创新管理、科技管理、全球化管理处于全球最高端；还因为瑞士的金融业、旅游业、医药业、生命科技业、精密机械制造业、食品加工业、精细化工业、精细农业等产业处于世界领先地位。

一年零八个月后，我在瑞士又迎来了李克强总理。他这一次来不仅在达沃斯会议上向世界作出了中国的承诺，还与瑞士签订了两国之间的金融合作协议；同意中国人民银行在瑞士开设人民币清算中心，第一期投资额度为500亿元人民币。这为两国之间的自由贸易又助了一把力。瑞士法郎在我到达瑞士的那一天与欧元脱钩，急涨30%，但使得中国在欧洲有了三种主要的货币选择，使得瑞士世界金融中心的地位更加凸显，使得两国的经贸关系更加重要。李克强总理在对我们的接见讲话中强调了瑞士的欧洲地理中心地位，强调了瑞士的世界金融中心地位，强调了瑞士与中国友好历史的特殊地位。他号召在瑞士的使团工作人员、中资机构、华人华侨学者进一步研究瑞士，研究双边关系，形成共赢局面。这更加证明了我们在瑞士搞教育国际化的正确性，更加坚定了我们在瑞士开展中国教育国际化的信心。

到2013年年底，中国对外投资已达1 030亿美元，外国对中国的投资为1 150亿美元。中国公司在全球的外国雇员人数达160万人，其中100万人是当地人。估计到2014年年底，中国对外投资将与外国对中国的投资持平；到2015年，中国对外投资将明显超过外国对中国的投资。此时，中国跨国公司对外国人才的需求和培养教育将被提上明确的议事日程。

我们在瑞士及周边国家进行了调研，华为的瑞士公司有500多位雇员，中国人仅为30多人，第一把手是瑞士人；中石化在瑞士花76亿美元收购了Addax公司，雇员达1 300多人，仅派出了13个中国人；海淀集团在瑞士收购了4个表厂，没有派出一人；TCL在欧洲的一把手是法国人，管理层也只有两三个中国人；中联重科在意大利米兰以5亿欧元收购了CIFA公司，没有派出一人；吉利收购了沃尔沃公司，在主要车型供应地比利时布鲁塞尔工厂也没有派出一人。中国企业在发达国家的全球化主要是通过并购完成的，只派出很少的管理干部或者不派出干部，多通过董事会进行管理。

有中国跨国公司的一把手告诉我，即使收购来的公司的高管不行，也通过当地猎头公司寻找合适的本地人才，而不派中国人过去，因为中国人管不了他们。这背后有几个假设：西方文化高于中国文化，西方管理优于中国管理，西方人才好于中国人才。

有位在跨国购并中遭遇重大挫折的中国公司领导人告诉我，失败的教训有三条：一是资金储备不足，在可以选择股权融资和债权融资的时候，选择了债权融资，于是在困难时发生资金链断裂；二是人才储备不足，派出的中国CEO不能驾驭局面，而外国雇员对中国文化不了解，对中国总公司有抵触情绪；三是用了对方的计算机管理系统，感觉在管理上不是收购别人而是被收购了。他的这三条教训是用30亿元人民币的代价换来的。

看一看跨国公司进入中国内地的人才战略：第一个十年，主要干部都从本国派出，在内地主要招的是司机、秘书、翻译和低级技术人员；第二个十年，派港、台及海外华人担任主管，招内地销售、技术骨干担任中层；第三个十年，用内地人担任主管，几乎很少用母国的人才了。这对于我们到次发达国家，也许还有参考意义，但对于以购并方式获得技术、市场和人才的方法进入西方发达国家的中国公司，没有参考意义。因此，中国企业走出去面临的是新挑战，如何在中国母文化、中国母公司、中文母语的条件下管理西方发达国家的、有西方文明中心潜意识的西方人才，成为我们的重要任务。

我们看到，不少西方高管对于中国公司是一种交易心态，有暂时寄人篱下之意，反正你给出高待遇。中国公司将这种情况称为"学习型并购"，花钱买经验，花钱买稳定，花钱买暂时的服务，内心也没有把这些高管当做长期同路人。我们还遇到中国某著名公司欧洲国家分公司高管的直面责问："想来教我们如何全球化？回到中国去教母公司本部吧，在10多万人的公司里，我看懂全球化的人不超过10个！""中国管理？中国有独特的管理理念吗？中国有独特的管理风格吗？"然后，他直接干脆地回答："我看没有！"

可以想象，如果中国跨国公司的外国雇员对中国文化没有基本的了解、尊重和欣赏，如果中国跨国公司的外国雇员对母公司文化没有起码的认识和认同，如果中国跨国公司的外国雇员对中文一点兴趣都没有，中国跨国公司的全球化是不可能持续成功的。

如是，我们在瑞士办教育，主要目的就是要培训欧洲国家的中高级管理人员，让他们更多地了解和理解中国文化、中国政治、中国经济、中国社会、中国企业。就是要以学历学位教育来系统地培养年轻的西方管理人才深入了解和理解中国，甚至能够用中文与母公司沟通。

我们在瑞士进行了两年多的调查研究、项目设计、师资搜寻、战略合作伙伴谈判选择、案例采写，以及教学设施安排。对于上什么项目（如公开课培训？量体裁衣的企业定制培训？专业硕士？MBA？EMBA？）？在项目设计上如何根据潜在学生需求突出中国特色？工商管理知识与中国内容的比重是多少？在欧洲与中国的时间分配？是独立开展还是与瑞士院校合作开展？时间多长？什么时候开始比较合适？起步时是只针对瑞士还是同时进入周边国家（如德国、法国、意大利、奥利地）？是否把走出去与请进来结合？……在我们内部也不断地讨论、辩论，并形成了一些试验性的项目。有些人批评我们的速度太慢了，还有些人批评我们的步子太快了。我在反复思考中也翻阅了有关解放战争的书籍，回顾了林彪在辽沈战役中专于"围城打援""一点两面""三三制""四快一慢"的论述。仔细琢磨他关于下总攻击的决心要慢的思想，他说这个时候要扛得住上级的压力、忍得住部下的求战心切、经得起敌人的挑逗，一旦下定总攻击的决心，确定了总攻击的时间，一切都要快，故有"四快一慢"之说。

李克强总理在苏黎世接见我们时的讲话使我下定了发起"总攻击"的决心，并设定了时间表。晚上回到酒店，收到一位诗人兼投资创业者的一首词。我填了一首和他的词表达了彼时的心情，作为本文的结尾。

青玉案·中国教育国际化
——和周先生

全情教育中国梦

做大事,

凭恒性。

苦尽甘来无捷径。

千军万马,

枕戈待旦,

差我一声令。

大千世界难究竟,

快慢少多心如镜。

败寇成王常共姓,

横眉拍案,

沉舟破釜,

此去听天命!

附周先生词:

青玉案·中国梦

问君何谓中国梦,

创大业,

任大性。

宝马醮花香满径。

一笔落款，

万贯财报，

纳市敲钟令。

揽月捉鳖终有竞，

归心莫向身外镜。

千古文章著谁姓？

万物在我，

一花度人，

自由最天命。

2015.1

在巴黎听习主席演讲

2014年3月27日,我在巴黎联合国教科文组织总部聆听了习近平主席的演讲,进一步感受到中国国家领导人对于国际文化交流的重视和对中华文化的自信。

联合国教科文组织诞生于1945年,当时第二次世界大战刚刚结束。在联合国教科文组织总部大楼前的石碑上,用多种语言镌刻着这样一句话:"战争起源于人之思想,故务需于人之思想中筑起保卫和平之屏障。"战争在人类历史上并不因为文明的进步而减少。今天,乌克兰战争又起。在全球化的今天,人类更加需要文化交流和相互理解。战争是一种冲突的极端表现方式,其实各种矛盾与冲突的解决和防范都需要对不同文化的理解和交流。换句话说,今天,中华文化必须更加主动地与西方文化交流,既理解别人,更展示自己。习主席在演讲中引用拿破仑的话:"世上有两种力量:利剑和思想;从长而论,利剑总是败在思想手下。"

当今世界有200多个国家,2 500多个民族,多种宗教。中国作为一个具有5 000多年历史的大国,应担负起中华文化和西方文化交流的责任,这是为了中国,更是为了世界。最近200年来,西方文化占据了世界文化的统治地位,从历史长河看,这并不是一种常态和稳态。世界在技术与经济不发达时,不同文化在不同区域起作用;全球化后,西方文化占据主导地位;但未来一定是以世界三大宗教为基础的文化相互交流、共同影响。至少在1 000年以内，我们不能预测这三大文化的此消彼长，因为三大宗教的历史都是以千年为计算单位的。

回到北京后，我在微信上收到过几次具有佛教情怀的人士转发的习主席在巴黎联合国教科文组织总部演讲中关于佛教的论述，以此作为习主席重视佛教文化之证明。习主席是在论述中华文明是在中国大地上产生的文明，也是同其他文明不断交流互鉴而形成的文明时论述到佛教的。他说："佛教产生于古代印度，但传入中国后，经过长期演化，佛教同中国儒家文化和道家文化融合发展，最终形成了具有中国特色的佛教文化，给中国的宗教信仰、哲学观念、文学艺术、礼仪习俗等留下了深刻的影响。""中国人根据中华文化发展了佛教思想，形成了独特的佛教理论，从而使佛教从中国传播到了日本、韩国、东南亚等地。"他接着还说："2 000多年来，佛教、伊斯兰教、基督教等先后传入中国，中国音乐、绘画、文学等也不断吸纳外来文明的优长。"

有人说历史上的跨国文化传播是由传教士、士兵和商人共同推动的。今天，全球对中国的兴趣是由中国经济和商业引发的，是因为要与中国开展商业往来而形成的对中国文化的重视和了解欲望。因此，作为商人的中国人和从事商业教育的中国人有义务承担起主动传播文化的责任。接下来的问题是，商人、商业教育工作者对中国文化有几分景仰和了解？看一看日本经营之神稻盛和夫的书，充满了佛教智慧和方法。今天不少中国企业家也有佛教情怀，但还限于个人修身养性的阶段，没有上升为企业经营哲学和理念，更没有形成体系和方法。

当习近平主席代表国家在世界平台上宣传中国文化的时候，我们应当跟上，拿出中国的经营哲学和方法。

2014.5

与费尔普斯同行

2010年春节期间,我在一次朋友聚会的晚宴上见到新华都慈善基金会陈发树会长。席间,他谈到将聘请2006年诺贝尔经济学奖获得者、美国哥伦比亚大学教授埃德蒙·费尔普斯出任新华都商学院院长。那时,他捐巨资创办新华都基金会、创建新华都商学院的事已经被媒体广泛报道。我半信半疑,半信是因为陈发树会长在圈子里口碑很好,他是个朴实低调的人,以言必信、行必果著称;半疑是因为费尔普斯教授是诺奖获得者中大哥级的人物,他会答应出任一个八字还没有一撇的商学院的院长吗?后来,陈发树会长经常提起这一段往事,他说当时何老师不相信。其实我没有说出来过,他应该是从我的眼神里读出来的。后来陈发树会长邀请我出任新华都商学院理事长,我能够这么快下决心,其中很重要的原因是他聘请费尔普斯教授出任院长的行动证明了他的决心、他的眼界和他的气魄。

2010年6月15日,是新华都商学院正式成立的日子,我和费尔普斯教授及其夫人维薇安娜一起抵达福州到任。我们与有关领导们一起在大雨中为新华都商学院大楼挥掀铲土,埋下奠基石。从那时起,我开始了与费尔普斯教授同行的日子,我与他去过福州、厦门、晋江、北京、上海、成都、温州、顺德、常州、南京、博鳌、台北、纽约、苏黎世等地。在与他的同行中,我们讨论的话题很广。读者们可以在本书(《大繁荣》)中读出,他已经不是纯粹的经济学家,而是经济历史学家、经济哲学家。以2002年他创立哥伦比

与费尔普斯教授

亚大学资本主义与社会研究中心为标志,他拉大了研究的时空范围。在他每一年召集的中心年会上,聚集了经济学家、管理学家、社会学家、人类学家、哲学家、政治学家、慈善家、企业家等,共同探讨人类面临的重大社会问题。我在与费尔普斯的同行中,也不断从他那里获得启示和教益,我们的讨论主要集中在四个方面:社会活力、国家创新能力、制度创新、创业教育。

这几年是他构思和创作这本巨著的中后期,因此我有幸聆听他的各种相关观点,有幸与这些思想碰撞,有幸偶然参与关于他的书名、封面设计的讨论和选择,更有幸还能有机会为他的巨著写序。就本书的书名而言,"mass flourishing"的意思是中文很难完整表达的,mass是双关语,意味着大众参与

与费尔普斯教授一起接受采访

创造的巨大繁荣。

  活力（dynamism）概念是本书的主题。也是这几年来我不断从费尔普斯教授口中听到的关键词。本书中将其翻译成创新活力，其实活力与创新是两个概念，到底是活力导致创新还是创新导致活力，是值得探讨的。我们探讨活力与政治制度（constitution）、社会制度（institution）、文化（culture）、市场（market）、管理（management）的关系，活力与创新的概念，活力与创新的逻辑关系，活力的量化检测方法，等等。按照费尔普斯教授的解释，中国目前似乎处于最有活力的阶段，绝不亚于1820年的英国和1960年的美国，这也是他欣然接受陈发树会长邀请的基本原因，这样他就可以近距离地参与到中国的这种活力之中，甚至他也变成了中国mass的一分子，参与创造中国的

mass flourishing。他30岁时参与和见证了美国的活力，80岁时参与和见证了中国的活力，于人生而言这当然是很有意思的。

我们还探讨中国、美国、德国的市场经济制度比较，他希望探索中国经济活力的原因，我们则更希望解释什么是中国特色社会主义。在阅读费尔普斯教授这本书时，我再一次认识到，对于社会主义定义理解的不同，使得中国与西方的学者之间很难对话。中国恐怕不认为欧洲社会主义是社会主义，它们只是在资本主义制度的基础上的社会福利和国家对经济控制的程度上有所差别。本书对上个世纪初意大利、德国是社团主义的界定和分析对于中国人而言也不容易获得认同，它们也是在资本主义的基础上社团的参与度更高而已。社会主义既有信仰层面的东西，也有社会制度安排层面的东西，如政治制度安排、财产制度安排、市场制度安排，等等。中国对社会主义的坚持目前更多地体现在信仰上的坚持和对新制度的探索，传统社会主义定义是用公有制对应私有制、计划经济对应市场经济、无产阶级专政对应资产阶级民主。如果私有财产和市场经济存在，则很难用比重的不同来划分主义、很难用社团的参与程度来划分主义，更难用政府对经济的控制力度来划分主义，因此在市场经济，尤其是全球化市场经济的条件下，社会主义是需要重新定义的。于中国而言，是中国必须向全中国人民和世界回答的重大问题。本书中费尔普斯教授认为活力与政治制度无关，从列宁的"退一步、进两步"，到胡适的"少谈一些主义"，到邓小平的"猫论"，都有这样的含义。但这很难解释中国社会今天的活力来自十一届三中全会抛开意识形态争论对中国社会制度的重大变革。如果说欧洲社会主义制度与美国资本主义制度相比，对活力的影响不大，似乎是可以接受的。我曾和费尔普斯教授说，他那个哥伦比亚大学"资本主义与社会研究中心"的名字在中国是敏感的，他说，你们可以看到我对资本主义持中性态度。尽管如此，在某些敏感场合我们还是在中文上把它含糊地译成"资本与社会研究中心",在此我要真诚地向费尔普斯教授道歉,这也许是中国人特色的一种表达方法。我们了解费尔普斯教授对中国的理解和善意。

从本书的出版可以验证今天中国社会的宽容度。本书用了一定的篇幅来分析社会主义,不少话题在中国国情环境下还是比较敏感的,比如他说社会主义理想自相矛盾,他质疑社会主义理想的理论基础以及达成的可能性,他指出了社会主义的大锅饭、平均主义、无效率、经理人员缺乏逐利动机、压制人才、缺乏创新机制、抹杀个性等毛病。其实这是苏联模式社会主义的毛病,正是因为要改革这些毛病,中国才进行了伟大的试验,探索"中国特色社会主义"。20世纪30年代美国金融危机以后,罗斯福总统对传统资本主义进行了大幅度的改造,例如加强工会的力量、加税、加大政府对经济的参与等。20世纪末,则轮到社会主义国家的革命或者大幅度改造了,但社会主义并没有消亡,新型社会主义的理论则有待于总结提炼。

我和费尔普斯教授还一起探讨了国家中长期创新能力的定量化评价。在目前的各种对于国家创新能力的排名榜中,很多小国名列前茅,例如瑞士经常名列第一,因为很多指标是用人均数据表示的。我们在瑞士,看到其标榜自己人均诺贝尔奖世界第一。但是,一个国家的创新能力量化,什么用总量、什么用均量、什么用比重、什么用因、什么用果,是需要更加理性设计的。更何况,这些评价指标解释不了一个国家的中长期创新能力。例如,中国目前的创新能力一定与制度性因素和文化性因素有关。

当然,作为一个商学院的理事长和院长,我们探讨更多的是商学教育尤其是创业教育。我和费尔普斯教授和同事们一起,在短短四年的时间内,也创造了一个小的"mass flourishing",为他的理论添加了一个案例,正是千千万万个这样的案例构成了中国的大繁荣。我把这个小小的"大繁荣"总结成五点：确立了一个使命；找准了两个定位；实现了三个和谐；完成了四地布局；形成了五个项目。一是我们提出了自己的使命：建设具有中国内涵的世界一流商学院。二是我们找准了两个定位：在国内是创业教育，在国外是中国跨国公司的外籍高管教育培训。三是我们形成了捐资人、办学者和政府之间的和谐。四是我们在福州建设了28 000平方米的教学科研楼，在上海、北京、苏黎世设立了教学中心。五是我们招收了五届本科生，招生分数在福建省排名第三；招收了三届创业MBA、三届创业青年领袖班学员，突破了企业定制化内训项目；招收了两届创业EMBA课程班学员。在四年之内完成这样的成绩非常不容易。从一开始我和费尔普斯院长就在讨论如何设立目标，我曾和美国一个著名商学院的院长谈过关于我们把目标设置成十年建设一个世界一流的商学院是否太冒进了，他半开玩笑地说，"如果我们在三十年间建成了一个世界一流的商学院，中国速度是我们的三倍，应该可行"。

四年多来，我们与费尔普斯教授在地域空间里同行、在思想上同行、在事业中同行，也在情感间同行。写这一篇序言使我想起很多花絮。例如，中国请如此德高望重的学者担任院长是史无前例的，中美之间的税收协定只规定请美国专家来讲学和做科研如何相互减免税收，没有论及请美国人来担任行政职务如何处理；例如，他来任职要办理外国专家资格认证，需要博士学位证书，费尔普斯教授的博士学位证书找不着了，而诺贝尔奖获奖证书不能替代，所以他只好回到母校去出一份证明材料，证明他在半个世纪前得到过博士学位；例如，他还必须在福州外事部门指定的一个小医院里抽血、体检等来获得外国专家健康证明；等等。他跟上一届福州市委书记袁荣祥一见如故、特别投缘，袁书记与他谈笑风生，福州市的干部们都说没有见过袁书记的这一面，费尔普斯教授私下也说他和袁书记之间有一种产生chemistry reaction（化学反应）的感觉。新华都商学院向国务院学位办申报创业MBA学位答辩时正好与费乐普斯教授在纽约主持学术年会的时间重合，他给国务院学位办写了一封函，表达他会尽最大努力使这个学位项目成为世界一流的项目。那次答辩后有人评价说幸好他没有来，要不然一个诺贝尔奖获得者来申报硕士学位教育项目，好像也有些怪。

费尔普斯教授年轻时在乐队中吹小号，音乐素养相当高，我们在本书中也看到他频频引用音乐家的话和音乐史料。我们去台湾，在与台湾地区立法院王金平院长吃饭时，王院长准备了一个乐队在饭间演奏，气氛非常好。王金平院长和费尔普斯教授引吭高歌，宾主都尽情、尽兴、尽欢。有时在旅行的车上，费尔普斯教授也会唱几句歌剧片段，抒发一下情感，让我们体会到诺贝尔奖获得者也有如常人一般的兴趣爱好。

我个人十分有幸在新华都商学院这个平台上与费尔普斯教授结缘，也起了化学反应，我说我work for他，他说他work for我，其实是我们一起work for教育，for创新，for中国和世界的mass flourishing。

最后，我还是要真心地落入俗套感谢新华都慈善基金会和陈发树会长，没有他的慷慨捐赠、没有他对费尔普斯教授和我的邀请、没有他对我们共同办学的充分信任，就不会有我与费尔普斯教授的同行，就没有这四年多的精彩。

本书是费尔普斯教授的力作，但是肯定不会是他最后一本书。他体壮如牛、思维敏捷，仍然承担着一个大学教师的标准工作量并游走于世界各地，观察、思考、促进着世界的大繁荣，我相信他还会再写一本以中国为主题的书。他担任新华都商学院院长已经四年多了，他说最近把自己的日子分为

"中国前"和"中国后",他的《大繁荣》在中国热销了十万多册,也得到了李克强总理的好评,赶上了中国大众创新和草根创新的浪潮。真是适得其时,躬逢其盛。

2014.11

在瑞士的国际化遐想

25年前,我在一个国有企业担任总经理,通过层层选拔考试,最终获得了瑞士联邦政府的资助,到世界一流的IMD(洛桑管理与发展学院)进修,在那里度过了我青年时期最美好的一段时光。

一到瑞士,我首先为其美丽所震撼,四处鲜花盛开、绿茵无垠、湖光湛蓝、山色俊丽、空气清新、一尘不染。湖边天鹅安静地孵卵,水中鱼儿悠闲地游荡,感觉跟到了仙境一样。据在联合国工作的同志说,湖里的鱼儿傻得可以用脸盆捞上来。瑞士700年没有战争,水里的鱼儿估计也有几百年不受人类骚扰,不像中国的鱼儿,岸边的人挥挥手,就嗖地一下没影了。瑞士到处弥漫着和平、安详的气氛。

第二个印象是瑞士人的准时和精确。时间观念极强的瑞士人,对精确与精致的追求已经深入人心。这个世界钟表大国一年产出的钟表价值5 000多亿元人民币。瑞士每一个汽车站都有时刻表,我每天都乘公共汽车上下学,汽车到达的时间误差很小,基本不超过一分钟。

第三个印象是瑞士人的勤奋和朴实。瑞士是典型的富裕而不懒惰、富裕而不奢侈、富裕而不虚荣的国家。25年前在瑞士,我遇到他们全民公决否决了缩短每周工作时间的提案;这一次在瑞士,碰到他们全民公决是否增加公共假期,也被否决了。瑞士人70%上职业学校,接受职业教育,而不是一窝蜂地追求"学术"和上"研究型"大学。

第四个印象是瑞士的民主。瑞士每四年选出七位共同总统集体领导国家，得票高的几位在四年中轮流担任总统委员会主席，对外代表国家形象，重大事件的决策都采取全民公决的方法。

第五个印象是瑞士的国际化程度。瑞士有四个语区：德语区、法语区、意大利语区和罗曼语区，再加上约10%讲英语的人口，五种语言并存。在瑞士任何地方开车一个小时以内就要转换语言，所以会几国语言的瑞士人比比皆是。

当年我的月工资只有100多元人民币，折合约为30瑞士法郎，瑞士政府除了为我支付高昂的学费之外，给我每天的生活费相当于我在国内3个月的工资，我每天几乎可以节约1个月的工资，回到国内就成了"万元户"，在当时是很大的数目。因此，我不仅开阔了视野、结交了国际朋友、增长了知识，还发了一笔"小财"，心中难免对瑞士更有好感。

25年，弹指一挥间，其间我只到瑞士参加过一次联合国会议，匆忙之中没有逗留。最近，因为研究的需要，我去了两次瑞士，又认真关注了瑞士。瑞士的风光依然那样旖旎，瑞士人民依然那样勤劳，瑞士社会依然那样民主，瑞士国家依然那样富裕，但中国在这25年中发生了巨大的变化。1987年，中国的人均GDP与瑞士的差距是110倍，2011年缩小为16倍，今天我到瑞士已经可以承受瑞士的消费水平。今天瑞士有近200家企业在中国投资，中国有约50家企业在瑞士投资。

作为中国的管理学教授，我关心中国企业国际化的问题。我们看到，欧美跨国公司在中国的高管甚至一把手几乎都是华人。反观中国在国外的公司，一把手和高管都是中国人，当地人担任中国跨国公司的高级经理人的情况很少。国际跨国公司进入中国市场之前，就已经有华人在公司里工作，这些人受过跨国公司母国的高等教育，精通其母国语言，理解与熟悉其母国文化和跨国公司母公司文化，甚至受过其母公司的精心培养。例如，1985年我第一次到美国访问惠普公司，在硅谷接待我们的是中国惠普公司候任的第二任总裁，他是台湾人，他的前任也是台湾人。今天，我的两位朋友，一位当年留德的博士是一个著名的德国公司的中国总裁，一位当年留法的博士是一个著名的法国公司的中国总裁。可是，中国企业国际化的时候没有这样的条件，很少有发达国家的人才到相对落后的国家去接受教育、去学习语言、去寻找工作机会，更何况中文如此地难学。

但这种状态总有一天要改变。我们可否想象30年或50年后，各国精英人才争相前来中国留学，中国跨国公司在世界各国的总裁都是会一口流利中文的当地人，如美国人、英国人、德国人、法国人、日本人、瑞士人，等等。中文在英语国家中是第二外语，而在非英文国家中是与英文并列的第二外语。在其他国家，中文成为检验学生是否足够聪明、足够优秀的证明，要想获得各种学位，中文是必修课，就像今天英文在中国的地位一样。我们总要为这一天的到来提前做好准备，而不是被动地等待。

著名汉学家、北京大学的前身京师大学堂首任实际校长、美国人丁韪良（William Martin）博士在1901年出版的《汉学精华》中指出，在四大古代文明中，古埃及、古巴比伦、古印度文明源流后来扩展成为西方文明的宽阔大河，似乎中国历史独自形成了另外一条大河。他写道："我们可以轻易地预见，两个文明之间的互相影响将来会远比过去大得多。当中国在一两个世纪之内开发出广袤国土上的自然资源，并用现代科学把自己全副武装起来，跻身于世界三四个最强大的国家之后，你认为全世界还会继续对它过去的历史无动于衷吗？不仅人们认为了解中国历史对于文科教育是必不可少的——乘我现在灵感附身，我还要预言——中国的语言和文学也将成为西方各大学的研究科目。"他认为仅仅用商业的眼光来看待中华文明是不对的，他说："为

① 在瑞士莱茵湖畔
② 在瑞士莱茵瀑布
③ 国际化畅想

什么我们在任何研究领域内的兴趣程度必须要用我们商业交往的广度来衡量呢？假如中国人不是住在地球（他们跟我们的后代肯定会因这个地理区域而发生争执）上，而是从月球的表面安详地盯住我们看呢，难道这样我们就没有理由关注他们了吗？"我非常敬佩丁韪良先生的博大胸襟和洞察未来的眼光，1901年正是中国灾难深重的时刻。他的预言在一个世纪后的今天实现了。如果再过一个世纪，中国不会是"三四个强国之一"，而是第一强国，中文也不会仅仅是西方各大学的研究科目之一，而是世界热门语言。到那时，我们将不再抱怨西方人仅仅用商业的眼光来看待中国，西方人会更加愿意研究中国的历史、文化和语言，因为只有这样才能看懂中国市场。

110年后的2011年，另外一位美国人基辛格博士出版了《论中国》，他写道："我先后访问中国达50多次。如同几百年来前往中国的众多访客一样，我日益钦佩中国人民，钦佩他们的坚忍不拔、含蓄缜密、家庭意识和他们展现出的中华文化。""中国和美国都认为自己代表独特的价值观。美国的例外主义是传经布道式的，认为美国有义务向世界的各个角落传播其价值观。中国的例外主义是文化性的，中国不试图改变他国信仰，不对海外推行本国的现行体制。但它是中央帝国的传承者，根据其他国家与中国文化和政治形态的亲疏度将它们正式划分为不同层次的'进贡国'。换言之，这是一种文化上的普世观。"基辛格博士说，"我并非总是认同中国人的观点，但我们有必要了解这些观点，因为中国将在21世纪的世界中发挥重大作用"。

我在瑞士拜访了几个中国公司的瑞士高管，他们仍然跟我说不是他们要了解中国，而是中国要了解世界、中国人要学英语、中国人要学习国际化。当时我对他们说，中国从19世纪60年代洋务运动时就开始诚心诚意地了解世界，从20世纪80年代起，我们这一代中国人更加如饥似渴地了解世界，例如25年前我就来瑞士学习了，而世界对中国的了解是明显不充分的。习近平总书记在"十八大"后的中外记者见面会上说,中国需要了解世界,世界需要了解中国。是的,在今天这个时点上,我们更需要世界对中国的了解。

似乎眨眼之间,《北大商业评论》就出版发行100期了,在创刊不久我们就想象过未来出版英文版。在杂志创刊一周年纪念时,我曾经在刊首语中豪迈地写道:"我们将要用各种语言在世界上发行《北大商业评论》,让世界了解中国企业、了解中国市场、了解中国。"在2007年杂志发行到50期左右时,我们与北京大学出版社和新加坡世界出版集团合作,计划出版发行《北大商业评论》英文版,但由于种种原因搁置了。在这100期之际,让我们再发遐想,尽快推出《北大商业评论》的英文版,为中国与世界的相互了解和交流作一点贡献。

今天,西方世界开始渴望对中国文化有所了解是基于中国经济的崛起,是基于中国市场的成长,是基于中国商品出口的加大和中国资本外投的加强。今天,中华文明与西方文明的交流主要是通过商业交流而展开的。这样,使得中国的工商管理学院和工商管理学教授们负有了传播中华文明的历史使命,以商载道、以商传道。《北大商业评论》将成为承担如此使命的桥梁之一。

2012.11

大阪对企业家的敬意
——访大阪企业家博物馆

为迎接2008年的中国改革开放三十周年纪念，我于2007年构想建立中国企业家博物馆（或者中国企业博物馆）。就纪念中国企业三十年而言，时点可能选在1984年前后。因为20世纪80年代初期中国才有了一些市场的缝隙，才有了企业生长的一丝土壤，才长出一些倔强的苗子。例如，海尔、联想、万科，都成立于1984年。目前，市场化企业中把自己的历史追溯到最早的是万向集团，它们追溯到1969年的社办企业时期，但鲁冠球当厂长后承包企业是在1983年。TCL把创立的历史算在1981年，那时它是一个来料加工厂。最早的著名中外合资企业是上海大众、中国惠普公司，成立于1985年。因此，选择1984年可能是合适的。三十年的企业可以算有历史了，何况，今天万科是世界最大的住宅房产公司，海尔是世界第二大的白家电公司，联想是世界第二大的个人电脑公司。因此，作为学者，我想用创立企业家博物馆的方式来纪念中国企业三十年、纪念中国改革开放三十年。

当时，我把这个构想与一些著名企业家交流后，有人赞同，有人一脸茫然。有一次我与柳传志董事长相约谈完预定话题后，我向他提出这个构想，希望他支持。记得他问了我三个问题：一是此事甚难，你为什么要做？二是你有什么资源做？三是你用什么模式做？我回答后，他问我希望他做什么？我说，一是经费的支持，二是原始素材的提供。他说同意，我们找时间另外谈。那是一次电视摄录采访，我记得我们在交谈时摄影机还继续拍着，因此这个历史镜头我们保存着。我很感谢柳传志董事长对这个构想的理解和认同。后来，我暂调上海工作，事务繁忙，就把此事耽搁了。但夜深人静之时，这个构想常常在我心中浮现。我相信，尽管时间流逝，这个构想总有一天能够实现。2014年，这个纪念中国企业三十周年的最佳时点慢慢走来，各种条件也慢慢具备，我又重拾旧梦，开始重新筹备这项事业。

去年，在一次旅游途中我偶尔看到了"大阪企业家博物馆"的介绍材料，十分欣喜，原来在日本的大阪已经有这样的博物馆存在，但那一次没有时间拜访。最近我专程到大阪，参观了大阪企业家博物馆，与博物馆的执行馆长进行了深入的交谈，也拜访了日本著名的人类学家中牧弘允教授。中牧弘允教授研究了企业的人类学意义，把企业作为人类在市场经济社会中的一种组织形态进行研究，他的名著《昔日的大名，今日的会社》从人类学的角度解释了日本员工对企业忠诚度的由来。从人类发展几千年的历史角度看，当今的企业组织替代了人类其他形态的组织，成为社会上数量最多、雇员最多的组织，具有重要的社会学、人类学的研究意义。因此，他在日本发起了企业人类学的研究，并使之成为人类学的分支学科。在中国，我们也和一些人类学家和社会学家一起来研究中国企业的历史、中国企业家的历史，因为这样宏大的视野，往往不是管理学教授们所拥有的。企业博物馆所具备的人类学意义可能高于管理学意义，一百年甚至更长的时间以后回过头来看，其意义会更加重大。中牧弘允教授具有日本人少有的幽默，他问，在学校运动会上有个男孩不敢超越跑在他前面的同学，为什么？正确答案是，前面同学的爸爸是他爸爸的课长。这个脑筋急转弯似的问题就是企业人类学的日本现象之一。

大阪企业家博物馆是大阪工商协会于2001年6月5日建成的，全称叫做

"大阪挑战与创新企业家博物馆"。其宗旨是"世世代代传播这些企业家的名声、志向、勇气和智慧,同时,还致力于通过向公众灌输企业家精神,从而实现社会复兴的目标,以及在前辈企业家所取得的成就的激励下,培养出下一代企业家"。

从1868年的明治维新以来,大阪成为日本的商业与产业中心,产生了大量企业家,孕育了企业家精神,成就了一大批日本乃至世界著名的企业,例如松下、夏普、三洋、伊藤忠、三井、三菱、大丸、野村证券、日本生命保险、朝日新闻、每日新闻、朝日啤酒、柯尼卡美能达、日清食品、日立造船,等等。大阪工商协会认为,大阪企业家精神是大阪引以为傲的一种城市文化,一种在大阪市民社会中长久孕育的创造与创新文化。于是,大阪工商协会构思并建立了这样一个企业家博物馆来记录、表达和弘扬这种精神。

对比之下,中国的"洋务运动"和日本的"明治维新"基本上是同时期进行的。历史的时针转到这两个运动都开展了近三十年后的1894年,中日甲午战争给出了结果,"大日本帝国"打败了"大清帝国",两国的地位由此倒转。从经济的角度看,洋务运动留下的企业只有少数的国有企业,例如1865年建立的江南制造局(今天的江南造船厂),1866年建立的马尾制造局(今天的马尾造船厂)。这些企业的数量与日本无法比拟,而且这些企业在今天的中国经济中无足轻重。一个国家政治上的强大往往依赖于经济上的强大,经济上的强大往往依赖于企业的强大,当时两国企业的比较可能是两国的差异的一种解读。我们是否可以说,企业的强大是基于企业家精神的强大?我们说的企业家精神不是指为了赚钱的精神,而是指赚钱的社会意义、赚钱过程中对社会的贡献以及赚钱后对社会的贡献。在给一个企业家盖棺定论的时候,他是否具有企业家精神,他是否值得社会尊敬,并非难以判别的事。大阪企业家博物馆在2001年经过一个以大学教授为主的委员会的推选和评定,挑选出了105位企业家并对其事迹进行永久展示。我注意到当时只有少数几位是在世的企业家,但也都年事已高。大阪企业家博物馆的执行馆长说,在日本企业家受尊敬的程度也不高,选择尚未走完全程的企业家是有风险的。

现在,历史的时针又指向了中国改革开放后的三十年,指向了中国第一代市场化企业创立的三十年。这时,中国的优秀企业群星灿烂,中国的优秀企业家英雄辈出。中国企业的历史也使我这样的学者有了建立企业家博物馆的冲动,我并非受日本的启发,我与日本大阪工商协会的构想是英雄所见略同,也似乎含有某种历史必然性。从明治维新算起,到大阪企业家博物馆的建立,其间有133年的历史,而我们第一代企业和企业家的历史还只有三十年,要挑选企业家的难度不小。但是,中国的企业家精神的历史绝不止三十年。

现在,福建的闽商博物馆的建设已经排上了我们的议事日程,今年就能落成。在闽商博物馆建成的基础上,我们将建设中国企业家博物馆或曰华商博物馆,以代表社会对中国历史上企业家的追溯和表达对当今真正的中国企业家的敬意。

2013.1

傅高义的邓小平时代

刚刚读罢基辛格的《论中国》,又读了傅高义的《邓小平时代》。尽管这两本书并非专门写给中国人看的,但中国人看起来仍然津津有味,我们看到的是他们的视野和逻辑,还有他们所掌握的丰富的史料。这两位重量级的人物在2011年几乎同时出版了关于中国的重量级著作,应验了"无独有偶"这一中国成语。我敬佩他们对中国的重视和对中国的深刻了解与研究,敬佩他们花了十年的功夫写出这样的鸿篇巨制,又应验了另外一句中国成语"十年磨一剑"。

傅高义用了"邓小平时代"来冠名中国的1978—1992年这14年。其实,1978年12月邓小平在十一届三中全会前后的职务没有变化,还是中共中央副主席、中央军委副主席和国务院副总理;他在1981年6月十一届六中全会上担任了中央军委主席,在1989年11月的十三届五中全会上卸去了中央军委主席职务。因此,虽然邓小平没有直接担任过党和国家最高领导人的职务,但是担任了军队的最高职务,以这个职务论,他的时代只有8年。但我们不禁会想,邓小平时代实际上到底是从什么时候开始、到什么时候结束?或者换句话说,邓小平时代今天结束了吗?对于毛泽东而言,有"8341"一说,这个类似部队番号的数字意味着毛泽东寿命83岁、领导中国41年。毛泽东时代的起点是从遵义会议开始的,当时毛泽东的职务也基本上没有变化,只是多了一个军事领导小组成员的职务,历史认为从那个时候开始毛泽东拥有了对军队的实际指挥权。因此，我们可以说中国共产党的毛泽东时代是41年，但是中国的毛泽东时代是27年（从1949年新中国成立到1976年他老人家逝世）。那么，历史当然可以认为邓小平时代是从1978年党的十一届三中全会开始的，因为邓小平从那个时候开始掌握了中国的实际领导权。对邓小平为什么不担任党和国家的第一领导人，傅高义给出的答案是，党内其他元老出于制衡的考虑以避免邓小平一人大权独揽，但邓小平时代的确从1978年开始了，表面上到1992年结束，但我认为至今尚未结束。如果以后的历史还会对某位领导人冠以"×××时代"的话，至少今天以前的领导人，除了毛泽东、邓小平以外，在历史上是不会获得这样的称号的。因此可以说，邓小平时代可能是从1978年到现在的35年的历史，其间经历了五位党和国家的领导人。邓小平从1992年退出政坛到1994年退出中国的所有媒体，再到1997年逝世后，他的时代还在延续，到今天又过去了15年。

傅高义说："邓小平1992年退出政治舞台时，完成了一项过去150年里中国所有领导人都没有完成的使命：他和同事们找到了一条富民强国的道路。在达成这个目标的过程中，邓小平也引领了中国的根本转型，不论是它与世界的关系方面，还是它本身的治理结构和社会。在邓小平领导下出现的这种结构性转变，的确可以称为自两千多年前汉帝国形成以来，中国最根本的变化。"

傅高义接着对邓小平的具体贡献、遗留的问题、他的接班人面临的挑战等进行了分析。对于我们中国人而言，邓小平作为改革开放以后第一代革命领导人、老一辈无产阶级革命家，其最大的贡献在于他果断地结束了毛泽东时代的以阶级斗争为纲而转入以经济建设为纲，他大胆地试验了在共产党的领导下告别苏联模式的社会主义制度而引进市场经济制度，他谨慎地以"韬光养晦"为指导处理国际关系使中国获得了和平发展的空间，从而使中国成为世界经济强国，了却了自1840年以来中国历代领导人和中国人民的心愿。正如傅高义所言，往前看，邓小平在中国两千年历史上具有独特的地位；也许两千年后再回头看，这种历史地位会显得更加重要。

下一代领导人需要解决的是：如何继续发展经济；如何在发展经济的同时实现社会公平；如何找到在解决经济发展和社会公平的矛盾中统一全国人民思想的共同信仰及价值观。如果解决了这三个问题，则有可能开启一个新时代。

历史期待着下一个时代的开始。

2013.3

西方汉学家的中国解读

去年读到基辛格的《论中国》和傅高义的《邓小平时代》,感叹过美国人对中国的研究和理解,最近又读到了美国"头号中国通"费正清的《中国回忆录》,又勾起这种感觉。这一本《中国回忆录》也是费正清的唯一自传,其意义更加凸显。在美国,研究中国并不是边缘学科,作为哈佛大学东亚研究中心(其实主要是研究中国)主任和著名的汉学家,费正清曾经担任过美国历史学会的主席。哈佛大学东亚研究中心正式建立于1955年,在1977年费正清退休时更名为费正清东亚研究中心。在费正清时代,它就为美国75所大学提供了师资;20世纪70年代,它曾经以每月出版两本专著的速度向美国和西方世界传播对于中国的研究。现在,据说每年有100名左右的各大学研究人员在那里从事关于中国的研究。

中国人对美国的研究如何?我发现中国有美国研究中心、研究所、研究室等研究机构68家。在著名大学里,北京大学、复旦大学、中国人民大学、南京大学、南开大学、中山大学、武汉大学、北京外国语大学等都有美国研究机构,社会科学院有庞大的美国研究所,说明我们对美国非常重视。这些研究机构都是1979年以后建立的。我相信中国对美国的研究有很多成果,但遗憾的是,作为需要了解美国的普通人,我没感受到有一本对美国研究的著作帮助过我或者影响过我,或者说没有一个中国的"美学家"影响过我。

现在,回过头来,我对中国的好奇已经超过了美国,我们不仅要用中国视角来研究中国,更要用西方视角来研究和看待中国。上一代的西方汉学家之所以研究中国,主要是因为政治的原因,美国人对中国的广泛重视起源于第二次世界大战,然后是朝鲜战争、冷战时期。今天,世界各国新一代汉学家,或者说外国人对中国研究的主要目的在于经济和市场方面。在看到中央电视台和国家汉办举办的"全球外国人汉语大会"时,我对于外国学生的中文水平感到惊叹。当我与中国的跨国公司领导们交谈时,他们谈道,中国公司非常希望拥有能够说中文的中高层国际人才,因为中国跨国公司的高层交流语言很难是英文。因此,作为中国的工商管理学院,应该迎合这种需求,有意识、有计划地培养会说中文的国际人才;故而,仅仅会说中文是不够的,应该培养懂中国文化,也就是懂中国历史、中国哲学的国际工商管理人才。在思考这个问题时,我感到不能仅仅用中国人的语言和视角来看待中国,或者说不能仅仅用中国的教材来教外国学生关于中国的文化。因此,我关心"汉学家"(Sinologist)和西方的汉学著作,而且,在阅读了这些著作后我自己觉得获益匪浅,也对他们产生了敬意。如果非要说出几个名字,远一点的是明恩溥、丁韪良,近一点的是费正清、傅高义,虽然基辛格不算"汉学家",但他对中国的理解是相当深刻的。还有名气还没有那么大但活跃在中国的汉学家,例如施舟人,他祖籍荷兰,出生于瑞典,现在应该是法国籍。他在福州大学成立了世界文明研究中心,将自己拥有的西方关于中国的研究书籍都搬进了福州大学。他对中国的道家也有深刻的研究。

在一次宴会中,我和迅达(Schindler)电梯的中国公司董事长Schindler先生坐在一起,他谈起迅达电梯1980年来中国办合资企业的历史。现在迅达电梯在全球市场每年销售的70多万部电梯中有40多万部在中国,你说他们需要学习汉学吗?我在欧洲拜访的华为瑞士公司总经理是瑞士人,TCL的欧洲总经理是法国人,你说他们需要学习汉学吗?对于我们而言,不仅仅要学好英文，还要学好西方文化。但现在我们还不能要求西方人先学好中文，然后再学好中国文化。因此，用西方语言、用西方汉学家对中国的研究和理解与对中国感兴趣和有需要的外国朋友沟通就显得更为重要。我说过，对于我们自己，用"汉学"的角度来看"国学"，也是大有收益的。

2013. 10

感受以色列：危机感

6月1日晚，我到达首都机场，准备乘坐以色列航空前往特拉维夫。安检时，两位以色列人及一位中国人前来盘查行李。我带了一箱资料，他们反复问是什么东西？谁装箱的？中间是否离开过我？他们解释以前发生过箱子里面被人装了炸弹的情况。然后又检查了我个人的行李，再次反复问同样的问题，说以前也有这样的行李被装了炸弹。我有些不耐烦地说，你们不要反复问、反复讲故事，你们可以把标准问题问一遍，我回答是或者不是，然后你们再详细检查行李。由此，我联想到今年4月陈发树董事长从巴黎去以色列，林桦副院长送他去巴黎机场后回来提到陈董事长在巴黎机场也受到两位以色列人的反复盘查，把行李全部翻了一遍。因此，我这样被询问绝不是偶然事件，而是在全球范围内的例行检查。于以色列人而言，他们假设每一架民航客机都是敌对势力制造恐怖行为的目标，每一位乘客都可能是敌对分子或者被敌对势力利用。这个民族就处在这样惊恐不安的环境下，而且日复一日，长此以往。我问柜台工作人员，是否有数据表明以色列航空事故率高？她们的回答是否定的。

以色列国土面积为22 072平方公里，人口803万人，四周都是敌对国，以色列人不可能开车到本国以外的地方。自1948年建国以来，他们已经经受了7次战争。为以色列独立而死在战场上的以色列人，比美国在两次世界大战中阵亡的战士还要多。但是，以色列国家的经济在60年中增长了50倍，人口增长了5倍，战争似乎也不影响投资和股票交易。换一句话说，对于以色列人，战争似乎是一种常态，敌对势力的恐怖袭击也是一种常态。

这使我产生了三个联想：一是"生于忧患，死于安乐；生于安乐，死于忧患"。二是处于这样危机环境之下的人的心理素质非常高，每个人都是电视剧《潜伏》中的余则成。三是在NBS发展到现在三年半之时，我心里充满了危机感，但这种危机感比之以色列人则算不了什么。

有危机感的人是警觉的人，有危机感的人最终没有危只有机。

2014.6

以色列风景

感受以色列：传统的传承

犹太民族是历史悠久的民族，以色列曾经是一个古老的国家，希伯来语据说有4 000多年的历史。但是，以色列于公元500多年前被灭国，犹太人从此在世界各地漂泊，没有自己的国土，受人歧视，不准拥有自己的土地，只能经商或从事手工艺。希伯来语只是学习经典的宗教用语，这种状态一直持续到1948年以色列复国。

我们到达哭墙的日子正好是五旬节，这一天既是庆祝小麦丰收的节日，也是犹太人彻夜不眠学习"图拉"的日子。据说历史上某一天上帝与犹太人约定了时间、地点，要交给他们"图拉"，而犹太人因为睡过了而迟到了。从此，到了这一天，虔诚的犹太人就不睡觉，以学习"图拉"来弥补这个过错。

哭墙是2 500年前以色列国家圣殿的西墙一角，现在只剩下长50米、高18米的一段石墙，据说地下被埋了1/3。站在墙角下，可以想象其2 500年前的雄伟壮观，它代表了以色列的辉煌。那时，它可能是世界上最伟大的建筑。我把自己想象成一个犹太人，跟他们一样头贴着哭墙、手摸着哭墙，回想一下这个民族和国家的历史，回想一下自己家族流离颠沛的日子，的确是不得不哭。我在哭墙下写了一首诗，"千年没有家，百万被屠杀，我到哭墙下，如何忍泪花"。

希伯来大学商学院教授克鲁格为我们讲了他母亲家庭的苦难，连翻译女

以色列风景

士在翻译的过程中都忍不住流下泪来。他说,后来当他父亲与母亲的家人一起听这段苦难历史时,他父亲是唯一没有哭的人。但是,他父亲经常在梦中尖叫,任他母亲如何推都不醒,直至被推到床下。这种情况到他出生后才终止,由此说明他父亲所遭受的苦难比他母亲家的更悲惨。

这样一个民族,对于自己的历史和文化极其重视,不管流落到哪里,都坚持学习"图拉",都有职业研究和教授"图拉"的老师"拉比"。"图拉"是《旧约》的前五章,历代以来,对"图拉"的注释如汗牛充栋,依我们看,"图拉"相当于我们的四书五经,"拉比"相当于我们的私塾老师。但有了现代学校以后,中国的私塾便消亡了,而以色列的"拉比"则顽强地生存着,与现代教育体系并存。

在以色列,我们也体验了"安息日",犹太语叫"Sabbth",用中文发音很像"夏巴特",其意思是什么事也不干的星期六。据说其理论依据是上帝造人造物六天后也休息了，因此干六天活需要休息一天。而且，这一天不能干活，不能碰任何工作性的器具，到了那个时点以后，甚至不能碰开关、不能按电梯按钮。因此，酒店在安息日有一部电梯是每一层都停的，供遵守这个制度的人使用。那天我也刻意体验了一下，享受了一把慢悠悠的节奏。安息日能干什么呢？可以看书、学习，可以享受亲情。犹太民族之勤劳是举世公认的，但设计了这样一种制度安排，真是十分有智慧，在今天这种快节奏生活中更显得智慧。六快一慢，六动一静，六外一内，的确必要。现在西方学术界流行的"学术假"叫做Sabatical，恐怕就是犹太人这种设计的放大。教授们每六年有一年带薪学术假。我想如果能够真正地每六天休一天，每六个月休一个月，每六年休一年，就太好了！

中国当然有很多传统，但对于每一个中国人或者仅仅对于我自己，"必须"的传统是什么？"必须"的仪式是什么？"必须"的制度安排是什么？值得我们思考前落实。

2014.6

香港小店的员工

好久没有去香港，这次到了香港，中午在湾仔一家小店吃午饭，小店人满为患，我被安排在厨师工作台旁边的餐桌就座。只见三个厨师的动作麻利程度堪比杂耍演员，送餐的服务员托着餐盘穿梭不停，收银员迅速地收钱找钱，只要排队的队伍一长就有服务员来把人流引开另外收钱。我观察他们的神情怡然自得，没有任何勉强或者不悦之色，似乎这样忙碌是天经地义的。在这样一个二三十块钱一碗粉面的小餐厅里，我不知道他们的收入有多少，但这样的敬业精神令我感动，我相信他们不是小店的老板或者老板的亲戚，这样敬业是一种职业精神的表现。联想到最近流行的一本书——《海底捞——你学不会》，书中大量描述的也是海底捞火锅店员工的敬业精神，而那种敬业似乎是一种主人翁精神的表现。

引发我思考的是更深层次的问题，对于员工而言，企业是什么？在企业工作意味着什么？企业是谋生的场所？企业是生存的场所？如果企业是谋生的场所，那么敬业是一种职业精神，它不是出于对企业的热爱和忠诚，而是出于谋生和职业的需要，员工到任何企业里都具备同样的职业精神，就像香港小餐厅的员工那样，换一个地方工作他们也是如此。如果企业是生存的场所，那么敬业是一种主人翁精神，它出于对企业的热爱和忠诚，就像海底捞的员工，换一个地方可能就不会像在海底捞那样敬业尽责。

中国的企业员工在从公有制的计划经济向多种财产制度的市场经济转变

后有些无所适从，不知道应该具备职业精神还是主人翁精神，企业也不知道应该对员工倡导职业精神还是主人翁精神。我在一家著名的国有企业集团做过企业文化的咨询，这家企业具有悠久的历史荣誉和现实的优越地位，但是国家需要将它推向市场化，因此原来主人翁精神很强的员工们有较大的失落感。

由此引发的另外一个问题是，企业与员工的关系到底是长期好还是短期好。从经济的角度看似乎是短期好，这样员工头上悬着一把剑，干得不好随时有被"炒鱿鱼"的危险，因此必须好好干活。经济学家们认为社会的失业率应该维持在3%—5%左右，以形成对在岗职工的威慑力。但任何长期生存的企业都有留住稳定的合适员工的期望，对于员工而言也有找到能够长期为之工作的企业的愿望。从人性化的角度，长期雇用比短期雇用好。

企业是什么？这个问题有多种答案。从经济的角度看，企业是有效配置社会资源的组织；从政治的角度看，企业是一种经济权利组织；从管理的角度看，企业是满足客户需求的组织；从社会的角度看，企业是现代人类聚集的群落。如果这种群落太不稳定，对社会一定不是好事。这种稳定程度似乎与公有制还是私有制、计划经济还是市场经济没有必然关系，而与文化与价值观有关系。在管理学上，曾经把终身雇用作为日本企业的管理模式之一，在日本经济进入衰退期后，这个模式似乎被打破了，但是这种价值观并没有被打破。松下、日产、夏普、佳能、美能达、麒麟啤酒、崇光百货等一大批日本企业甚至修筑了企业墓地和供养塔，企业不仅终身雇用员工，甚至世世代代供奉员工的亡灵。能说终身雇用被打败了吗？历史上的文明也经常被野蛮打败，但整个人类还是在向文明发展，野蛮民族也会向文明发展。同样，现在市场经济中的残酷竞争也越来越向温和的方向发展。如果市场经济是一种别无选择的制度，我相信人类也会磨合出一种更加人性化和各民族具有个性化的企业制度。

中国的家族文化和市场经济下企业制度的结合无疑会是一种良好的家族企业制度安排，如果工作场所也是家的延伸，市场经济就会温和许多。如果这个工作场所的家和世世代代具有血缘关系的家能够有机结合，企业将是一个具有温情以及负社会责任和历史责任的组织，而不是一个冷冰冰的只顾短期利益的赚钱机器。国有企业如果真正能够成为"大家"的企业，尽管改朝换代还是"大家"的企业，那也是幸事，就像招商局和中国银行那样，一直会是中华民族这个大家族的企业。我相信"小家"企业和"大家"企业的管理会是中国管理的亮点，会是中国特色社会制度的亮点。

2012.6

篇五 Part 5

家·国·天下

家·国·天下 / 方碑村试验三年记 / 经济与文化的平衡 / 商人的历史地位 / 2012不是"世界末日" / 又见北川 / 发树买"药"与"国""民"之争 / "92派"与"12派" / 民间企业的法治无奈 / 厉以宁老师获终身成就奖有感 / 又逢甲午忆当年 / 告别2014,中国时代真正到来 / 成者思危,忙里偷闲

家·国·天下

当我们这一期杂志出版发行的时候,正好赶上博鳌亚洲论坛2014年年会开幕,能够将最新一期《北大商业评论》送到各位论坛嘉宾的手上,我非常高兴。博鳌亚洲论坛是一个中国邀请世界共商亚洲和世界重要事务的高层次平台,《北大商业评论》能够成为论坛的媒体合作伙伴,我们感到非常荣幸,这也是我们十多年来持续关注中国经济、支持中国企业的结果。改革后的中国,经济成就巨大,博鳌亚洲论坛成长迅速,《北大商业评论》紧随这一发展的脚步。博鳌,一个中国海南的小地方,由于10余年来连续举办影响亚洲和世界的论坛而变得世界闻名,这么伟大的事业,居然是从这么小的一个地方启程的,这在30多年前是不能想象的。这一切,都得益于从那时开始的改革开放。也是从那个时候起,中国的命运开始了翻天覆地的变化。

3月下旬,我到福建山区朋友老家的村子里,看朋友为母亲举办了入葬仪式。然后,经厦门转香港飞巴黎,受邀参访联合国教科文组织,并参加习近平主席3月27日在联合国教科文组织的演讲会。此行回国后即将参加博鳌亚洲论坛。这一行程,使我产生了强烈的"家""国"与"天下"的感受。

朋友和他一家命运的变化,也是这个大时代的印证。回想往事,朋友对母亲感恩至深,对邓小平的改革开放政策感激至诚。朋友的家在福建一个海拔1 500多米的山上,改革开放之前十分贫穷。朋友回顾,1976年以前他家都吃不饱饭,1977年承包了一部分地,全家人起早贪黑种地,才开始了能吃得饱饭的日子。今天，在朋友的领导下，有企业事业、投资事业、公益事业，朋友的父母和兄弟姐妹都过上了幸福生活，适龄的孩子们几乎都在国外接受良好的教育。

朋友一家是中国千千万万个"家"的一个缩影。中国的"国"是建立在无数个"家"之上的，正是这无数个"家"构成了中国坚强的社会基础。"家"是中国人的宗教寄托，是世世代代延绵不断的终极追求，是世世代代积德行善的朴实根基。

回顾朋友自己，从有100万财富时开始就捐掉1/3，带头为打通家乡到厦门的隧道作贡献，有1 000万资金时又捐出1/3修建了村里到山下的路。朋友在小学四年级就辍学务农，对学校无比向往却又只能望洋兴叹。可能从那时起，在朋友幼小的心中就埋下了"苟富贵，志办学"的种子。今天，朋友的公益事业帮助了大量的教育机构，帮助众多的少年儿童圆了他们的求学之梦。

办完母亲的丧事，朋友和我一起驱车出门，准备从厦门转机香港飞巴黎参访联合国教科文组织。那一天，我们又走过了朋友捐资修建的隧道和道路，走过这一条时光隧道和时光之路，感慨万千。

于我而言，厦门是我事业生涯的重要之地。30年前的1984年春节过后，邓小平到厦门视察归来后决定把厦门特区从湖里的2.5平方公里扩大到全岛。此后20多岁的我得以在厦门创建了一家公司，开始了我事业的起点。尽管后来有波折起伏，但每当回忆往事，我心中总是有一股暖流。当年的厦门，与金门相对的海边仍然有士兵站岗巡逻，现在这里完全可以和全世界最漂亮的海滨城市相媲美。

然后我们到了巴黎，参访联合国教科文组织，参加习近平主席在联合国教科文组织的演讲大会。联合国教科文组织于1946年在第二次世界大战后成立，总部设在巴黎埃菲尔铁塔旁边，现在共有195个成员国或地区，有来自170多个国家或地区的2 000多位职员,在全球65个地方设立了机构和办公室。2013年11月,中国教育部副部长郝平当选联合国教科文组织第37届大会主席。这是该组织成立近70年的历史中,中国代表首次当选"掌门人"。

于中国而言,教育、科学与文化是经济发展后的必然主题,在这样的历史时刻,中国人的当选,对于中国在教育、科技、文化的世界交流方面,不仅会起到巨大的历史作用,而且会促进中国人对世界教育、科技、文化方面作用的发挥,还对中国应尽的责任与义务有重大提示。中国人逐渐富裕,国家变得强盛,愿意向世界学习,也愿意和世界分享。

我们此行的目的是连续访问,试图更多地理解和学习联合国教科文组织,也试图寻找一些我们力所能及的慈善公益事业,用行动表达中国人对国际社会的关注和参与,这是时代的呼唤,这是历史的潮流。

改革开放以来的中国实践,被很多人誉为中国模式,我们更应该把这看成是一种期待,中国还在努力。博鳌亚洲论坛,是中国以非政府组织的形式参与国际事务的标志性事件,也是一个汇聚天下人的舞台。在中国的一个小地方,讨论一些世界性问题,发出影响世界的大声音。《北大商业评论》负责将论坛上的精彩声音记录下来,编辑成《博鳌观点》出版,这是一项极具挑战的工作,也是一项极有价值的工作。

听说博鳌亚洲论坛最终可能更名为博鳌世界论坛,就像达沃斯世界经济论坛原来只是欧洲论坛一样。最近我们从中国福建山区的一个小山村,到巴黎这样的国际大都会,再到海南的博鳌,了解和参与了一些超越国别的思考和行动,也深切感受到家、国与天下的同和不同,感受到天下是所有人的天下。

2014. 4

方碑村试验三年记

2008年"5·12"四川大地震发生后，我们来到了四川绵阳安县黄土镇的方碑村。在经过了地震初期帮助村民抗震救灾的阶段后，我们与村民们探讨了灾后重建的方案，由此设计了一个方碑村试验计划，包括住房重建、生产发展、公共设施三个部分。该计划实施至今已经三年多了。

方碑村试验以帮助村民自强自立为指导思想，由城市里的一户人直接给村里的一户人提供无息借款1万—2万元，受援助村民在五年之中每年等额还款；在完成第一期还款后，村民还能再获得用于生产发展的无息借款1万—2万元，分三年等额还款。这个试验能否成功的核心是村民的诚信度。在进行设计时，我们认为项目成功的标准是还款率达到95%。

到现在，已经过了两个还款期，村民总体还款率达到85%。有15%的村民在适当还款奖励政策激励下还完了全部的借款。我们之所以对这个项目的成功仍持以乐观态度，是因为在没有还款的村民中，绝大部分人表示再过一年就会还款，因为他们要优先偿还有息的农信社贷款，而根据目前村民对农信社的还款情况，村民们的还款状况还是比较好的。据村干部估计，真正有困难不能还款的户数只占2%—3%。

现在总结这个试验项目还为时过早，但已经有一些初步结论：

第一，用借款体现社会爱心的方式村民是接受的，虽然金额不大，但给了村民们很大的精神力量，也达到了支持村民们自强自立的目的。方碑村村民们灾后重建的信心明显增强，精神状态好。

第二，直接借助使得借款人可以直观地了解借款的去向及动态，借款能百分之百地到达借助人手中，中间的组织运作费用则另行募款解决，在目前中国公众对公益组织信任不足和对从募款中提取运作费用不理解的情况下，这不失为一种可行的方案。

第三，以支持为主、不包揽的原则是成功的。我们在方碑村的借款和对公共设施的捐款共500多万元，农信社给予村民们的部分贴息贷款为600多万元，至今政府对村里的各项支持款（如高标准农田改造款）等达到了2 000万元左右。这说明一个好的公益项目能够撬动更多的资源。

当然，该项目设计也有需要总结提高之处：一是村民们缺乏按期还款的现代金融契约精神，对还款的时间没有概念，他们觉得只要有心还款就行，至于什么时间还并不重要，因此需要加大说明和教育的力度；二是协议中的还款时间和金额需要重新修订，可以改为非等额还款，头两年少一些，后两年多一些；三是对严重逾期不还款者，要设计一些适当的压力措施，例如在村民广场张榜公布、对其所在小队的其他村民不再提供生产性借款支持等，并事先在协议中注明；四是对整个村的信用评估要与政府的支持政策相结合，例如如果整体的还款率没有达到一定水平，政府可降低对该村的政策和资金支持力度，当然，这么做的目的是使得村委会干部有压力，向村民们做工作；五是借款、还款要依靠村委会和乡镇政府，公益组织和借助人不宜直接与村民发生关系，既不宜直接催款，也不宜个别免除还款或承诺村民延期还款。

方碑村试验的意义，是试图在不相识人群中探索一种类似于当亲戚朋友有困难时"一帮一"的借助模式。今天的方碑村焕然一新：村民们全部住进了新房子；《第一财经日报》捐助的"一财村民广场"成了村民的文化娱乐中心；大棚蔬菜种植和猪、鸡、樱桃谷鸭等养殖项目正在按部就班地开展；

在震区与志愿者在一起

村民合作社也在组建发展。据黄土镇镇长介绍，他注意观察了三个典型村：一是政府包揽型，二是村民自发而后政府支持型，三是方碑村的"公益＋村民＋政府支持"型，方碑村的情况显然最好。因此，我们正在考虑是否在另外一个村再作一个同类试验。

我希望城里人多关注一点农民，希望研究经济与管理的人多研究一点农村、农业与农民，希望富裕人群对农村受灾人群和贫困人群多给予一些帮助。如果有一种方法能够使中国10%的富裕人群具体地帮助到中国10%的贫困人群，则福之莫大焉。

2011.10

经济与文化的平衡

相信不少人对2011年11月2日这个日子还有些许记忆，"20111102"，这是一组极具美感的对称数字。对称，在哲学上是中庸、在文学上是对仗、在为人上是中和、在社会上是和谐、在美术以及建筑和城市布局上是匀称。对称是一种理想，是一种境界，是一种美感。追求对称与和谐，是中国几千年文化的精髓之一。但是，今天中国社会的经济与文化显然不对称。

我们很高兴地看到，中共第十七届六中全会主要讨论了文化建设问题，发表了《中国共产党第十七届六中全会公报》（以下简称《公报》）和《中共中央关于深化文化体制改革、推动社会主义文化大发展大繁荣若干重大问题的决定》（以下简称《决定》），这是时代的期盼和民族的强音。回首1978年的《中国共产党第十一届三中全会公报》，也许社会当时对文化建设的理解及其重要性的认识远远不如30年后。我不知道经济建设更容易还是文化建设更容易，也不知道十一届三中全会对经济建设的决心更大还是十七届六中全会对文化建设的决心更大，但我衷心地期望《公报》和《决定》能成为中国共产党历史上和新中国发展历史上不亚于《中国共产党第十一届三中全会公报》的重要文献。虽然《决定》中只对2020年提出了具体的文化建设目标，但如果未来30年中国在文化建设方面取得的成就堪比过去30年经济建设的成就，中国真的成为世界文化强国，则中华民族幸甚！则中国共产党第十七届六中全会功不可没！

文化建设是建立在经济建设基础之上的，如果冠以社会主义文化建设，则首先必须解决什么是社会主义经济建设的问题。邓小平在上一个历史时点提出了"贫穷不是社会主义"的著名论断；邓小平当时还有第二句话，可以概括为"贫富悬殊也不是社会主义"。因此，在贫富悬殊的经济环境和社会环境下，是很难进行社会主义文化建设的，因为社会主义经济建设是社会主义文化建设的重要基础。

对应"贫穷不是社会主义"，十七届六中全会提出了"精神空虚不是社会主义"的鲜明观点。这在很大程度上说明了今天的中国在物质丰富以后精神空虚的现状。过去有一句老话说："共产党人是无所畏惧的唯物主义者"，但这是在"信仰共产主义"的前提条件下。如果抽掉这个前提，变成在市场经济制度下追求物质的、没有信仰的、无所畏惧的唯物主义者，那么这个社会将变得十分可怕。今天，中国人的精神空虚，就是在市场经济制度下信仰的缺失。今天的共产党员信仰什么？八大民主党派的成员信仰什么？无党派人士信仰什么？"贫穷不是社会主义"，那么不贫穷是不是社会主义呢？"精神空虚不是社会主义"，那么精神不空虚是不是社会主义呢？所谓社会主义，还是要有明确的社会主义信仰和社会主义制度的。

我统计了一下，"社会主义"这一名词在《公报》里面被提及了38次，在《决定》里面被提及了100次。这充分说明了中国共产党对社会主义的坚持和对社会主义价值观的强调。相应的提法有"中国特色社会主义""社会主义文化""社会主义核心价值体系"，等等。社会主义是相对于资本主义的概念，我们是中国特色社会主义，那么什么是美国特色资本主义？什么是欧洲特色资本主义或者欧洲特色社会主义？我们追求社会主义核心价值体系，那么什么是资本主义核心价值体系？我们建设社会主义文化，那么什么是资本主义文化？如何解释原来全球15个社会主义国家如今只有5个还坚称自己为社会主义？如何解释在全球市场经济一体化环境下的局部社会主义？如何解释承认和保护私有财产的社会主义？如何解释我们一面争取欧美国家对我们"完全市场经济地位"的认定，一面坚持我们对自己的社会主义性质的认定？如何解释通过选举而执政的尼泊尔共产党？这种解释如果流于僵化的传统说法是没有说服力的。这是摆在党的文化工作者和社会主义文化建设工作者面前的首要任务。

近几年的欧美金融危机以及由此引发的以色列的"30万人大游行"、英国的"街头战争"及美国的"占领华尔街运动"等，都说明了当今以美国为首的西方资本主义社会存在很大的问题，在这样一个时点上重新认识社会主义具有重要意义。我相信社会主义的信仰依然存在，我相信世界上会有比美国特色资本主义更好的制度，我相信中国能够建立中国经济建设和文化建设的模式，我相信可以在市场经济制度下坚持社会主义信仰并重新探索社会主义道路。

30年后，当我离开这个世界时，如果看到中国不仅仅是世界经济强国而且是文化强国，我就可以自豪地说，我们这一代人是中华民族历朝历代中最幸福的一代。

2011.11

商人的历史地位

最近我到宁波市镇海区参观了"宁波帮博物馆"。一个区政府能够投资3亿元人民币，建成24 000平方米，主要展示宁波商帮的博物馆，是相当有境界、相当有使命感、相当有前瞻性的。我知道福建有关方面也在筹划建设闽商博物馆，潮州建有海外潮州人博物馆，北京、太原、榆次各有一个晋商博物馆，芜湖有一个徽商博物馆。可见，不少地方和群体在追根寻源，寻找商人的历史轨迹和精神脉络。我们的一些学者刚刚在北京大学召开了徽商、晋商、浙商、苏商、闽商、津商、京商等相关方面关于中华商业文明主题的研讨会，经济学、历史学、管理学、比较文学等不同学科的学者们共同认为，有必要建设一个共同研究中华商业文明的平台。因此，我又拾起了三四年前搁置了的中华商业文明研究和中华商业文明博物馆的筹划工作。我相信由于各方面的条件正慢慢具备，这一次会有显著成果。

我关注企业史是从2004年开始的。那时，许多在改革开放之初诞生的中国企业陆陆续续地开始举办自己的20周年庆典，如TCL、联想、海尔、上海通用、中国惠普、万科，等等。20年的回首使得不少企业创始人自己都惊诧不已：中国企业家的商业基因从何而来？中国企业家的精神传承从何而来？中国企业家是否有别于他国的企业家？

到现在，这些中国企业即将迎来自己30岁生日纪念的高潮。往前追溯，我们可以看到60年的"共和国企业"：一汽、大庆等；再往前看，我们可以看到100年的"清末民初企业":江南造船厂、招商局、中国银行、青岛啤酒、张裕酿酒公司等;再往前看,可以看到300年的"明末清初企业":同仁堂、荣宝斋、陈李济等;再往前看,就很难看见了。从史料中可以追溯到2 000年前司马迁的《史记》,他在《货值列传》中记载了22位大商人和9位小商人。从历史的大视野看,中国之所以能够在19世纪之前的2 000年中保持经济总量世界数一数二的地位,是由无数的商业机构和商人支撑的,他们功不可没,但由于种种原因,这些商业机构和商人并没有被历史记录和推崇。

当然,商人在社会上的地位很难排在前面。试想一下,按照时下的排行文化,如果推出"十大中国历史人物",会有商人吗?显然不会。如果扩展成100个人,会有商人吗?似乎也不会有。至此,必然要追究所谓的古代四民的排序——"士农工商"。中国古代是以农业和手工业为基本产业的时代,把两个生产者排在前面,把不生产的贸易"商"摆在后面没有什么错误。如果把"农商""工商"或者"农工商"合并为物质建设者放在第二位,把"士"作为精神建设者放在第一位似乎也没有什么错。

如今,即使在最市场化的美国,从事商业的各种职业也不是最受推崇的职业。在美国对23种职业受尊敬程度的排行榜中,位居首位的是消防员(与"9·11"有关),其次是科学家和教师,然后是医生、军官、护士;在德国,排序是医生、护士、警察、教授、神职人员;在中国香港,17种职业中排在前两位的是科学家和医生;在中国内地,零点调查公司曾在几个城市做过1 883人的问卷调查,最受尊敬的是科学家。在美国的23种职业中与商业有关的有五种:房地产经纪人、银行家、会计师、股票经纪人、职业经理人,都排在倒数几位;房地产经纪人倒数第一,银行家倒数第三。在中国香港,银行家也排在倒数第三。但是不受尊敬不等于不想从事,例如在中国内地,根据零点公司的调查,公众最尊敬的是科学家,最想从事的职业却是公务员。

因此，商人不要追求在社会上排名第一，也不可能排名第一，但社会要给商人一定的历史地位。商人要认识到：首先，排序者是掌握话语权的政府或者知识分子。其次，商人在商业经营中获得了商业利益，已经是社会各阶层的最富裕阶层，如果还要追求最高的社会地位，是不可能的。如果所有社会精英都想成为商人，也都成了商人，这个社会就会失衡。最后，任何时代都有不法商人和缺德商人，给社会带来巨大的负面影响，使得商人唯利是图的一面被放大，导致商人整体社会形象不佳。

社会和知识分子应当承认商人在社会历史发展中的成就。在中国近代，我们可以看到辛亥革命时期的商人、抗日战争时期的商人。在现代市场经济制度使得企业成为社会的主流后，企业取代了很多社会的职能，成为社会的主要组织机构，也雇用了最多的雇员。中国政府有679万名公务员，另外有125万个事业单位共雇用了3 035万位雇员，总共约3 700万人；但中国有43万家规模以上企业、1 023万家中小型企业、3 000万家个体工商户，共有企业雇员4.5546亿人，占全社会就业人数的91.8%。在这样的形势下，商人怎么没有地位呢？

商人不应该追求成为社会的第一阶层，但是也不能没有历史记录和历史地位，至少在这个时代，是要追溯历史、记载现实、展望未来的。我感叹司马迁在《史记》的120篇著作中，至少有一部记载商人和商业。2007年我和吴晓波先生一起有个重大的策划，打算写100个企业经典案例、100部企业史，拍100部视频，来反映中国改革开放30年来的企业成就，并翻译成英文向世界传播。后来我自己的事业轨迹发生了一些变化，使得我转向了繁重的学院行政工作。四年过去了，我看到吴晓波先生在企业史和企业家实录方面取得了重大进展，可喜可贺。就历史而言，四年不算长，幸好我又可以重拾旧梦，何况现在我们有了更多的资源积累。

全面梳理中华商业文明、搜寻中国历史上的商业组织、评点中国历史上的商人、建设中华商业文明、开展东西方文化交流的时点到了。

2011.12

2012不是"世界末日"

以前离我们很遥远的21世纪来了还没过去,离我们很遥远的2012年"世界末日"又来临了,但它马上就会过去,那个世界末日的预言再也不会是悬在人们头上的达摩克利斯之剑了。

2012年虽然不是末日,但的确险象迭生,世界各地(如美国、欧洲、日本、中东、非洲等)都发生了危机性的事件,相比之下,中国还是不错的。但在中国内部,当然也是问题多多、怨气多多:发泄怨气的段子满天飞,网络谣言层出不穷,恶性案件频频发生,群体性事件愈演愈烈,仇官、仇富甚至仇学情绪高涨,"维稳"成了压倒一切的首要任务。但有诗云:"横看成岭侧成峰,远近高低各不同。"尽管中国问题成堆,但是从世界层面来比较,中国的问题并不比其他国家严重;从中国历史上看,这是不亚于几大盛世的时代,是中国自1840年以来扬眉吐气的时代。尽管有很多问题,但不会比新中国成立初期困难,不会比抗美援朝困难,不会比20世纪60年代困难,不会比"文化大革命"时期困难,不会比改革开放初期困难,不会比90年代入世前后困难。

西方有人说,尽管人们批判中国这、批判中国那,但中国今天所取得的成就说明,它总是做对了什么。是的,中国在国家管理、社会管理、企业管理方面一定做对了些什么,或者做对了很多什么,才有可能出现今天的局面。这三十年的变化可谓天翻地覆,每年我们都在各种困难和困惑中度过,一年一年的变化似乎不大，一年一年的问题似乎都很多，但每隔五年一回头则今非昔比，每隔十年一回头则恍如隔世，三十年后的回头则有沧海桑田之感。中国社会既要解决当前的问题，也要开始认真总结自己到底做对了什么，是否具有普遍意义，我们在国家管理、社会管理、企业管理方面是否可以总结出一套自己的理论体系。

管理理论界有人认为，即使有，中国管理也只是中国特色的东西，没有普遍意义，但我认为它具有普遍意义。首先，任何管理都是建立在一定文化基础上的管理，西方现在所谓的普遍意义，都是在基督教文化圈子里的普遍意义，并不代表全球性的普遍意义。换句话说，一种管理理论如果不在不同的文化圈子里成功，就不具备普遍意义，无论国家管理、社会管理、企业管理都是如此。在基督教文化基础上的国家实力过于强大和基督教文化基础上的语言地位过于强大之时，其他的管理模式和管理理论都显得不具备普遍意义，但当基于其他文化基础的国家实力和语言强大之后，所谓普遍意义的含义就会完全不同，我相信中国的成功所总结出来的经验和理论会改写这种状态，然后其他文化基础也会产生自己的管理。其次，中国的成功是一种制度转型形态下的成功，是从一种社会形态向另外一种社会形态的全面转型，这个过程的复杂程度很高，内外部的互动性很强，不确定因素很多，其成功必有独特之处。最后，中国的成功是一种高速发展的成功。中国用三十年时间走完了西方发达国家两百年走过的道路，同步进行了工业化、市场化、城市化、国际化、信息化，取得了西方发达国家用两百年时间取得的成果，这也是前所未有的。

世界上还有很多发展中国家，世界上还有很多非基督教的文化圈，世界上还有很多完全不同于美国和西方发达国家的社会形态，中国管理的成功经验、中国管理的理论体系对于我们自己和它们都具有重大意义。2008年美国金融危机引发的世界性经济危机的问题并没有解决，2011年世界性的经济危机是西方历史积累下来问题的总爆发，此时，2012年，人类站在一个历史性的关头，需要全面检讨社会制度安排，无论在宏观还是微观方面。在这样的关头，中国经验和中国理论更加具有意义。这时候的中国，不是与西方世界对抗的中国，而是与西方世界不同的中国，是与西方世界相互包容、和谐共赢的中国，正如"君子和而不同"。

2012年不是世界末日，2012年后的中国会越来越好，好到2021年中国共产党建党一百周年，好到2040年鸦片战争两百周年，好到2049年中华人民共和国成立一百周年……

2012.2

又见北川

2012年6月3日，我带了一批企业家学生又到了北川，没有想到这一来又掉了两次眼泪。一次是在事先向同学们介绍北川情况的时候，一次是在方碑村广场说到村民们还款的时候。我不记得这三年多到北川多少次了，但我记得掉了几次眼泪。第一次是我从住房几乎被完全毁灭的方碑村出来，尽管与村干部和老乡们交谈时我保持着一个资深学者的淡定，但离开时却已泪流满面；第二次是我夜里住在方碑村小学废墟中搭起的帐篷里，清晨睁开眼睛，不经意通过帐篷顶上的透气口看到了随风飘扬的五星红旗，刹那间心中涌起一种中华民族的自信心和感动，泪水随之夺眶而出；再一次是在上海的募捐会上；还有一次是在思科公司在昆明的代理商年会上，思科公司总裁林正刚请我做了一场学术演讲，也给了我一个为灾区募捐的机会。我不是一个轻易掉泪的人，但一想到北川，我心中就有一种很深的悲痛和伤感。可能因为我既不是北川人又是北川人，不是北川人也许心中没有那么痛，是北川人或者已经麻木了，或者为了表达北川的坚强而决不在外人面前掉泪。

我认识一位北川的中层干部，他的家人包括妻子、女儿、父亲、母亲、岳父、岳母全部都在地震中遇难。当时，我和林正刚总裁带着思科总部负责企业社会责任的美国同事去北川，他做具体的接待工作。他带着我们俯瞰北川县城废墟，面对全部被毁灭的县城冷静镇定地为我们讲解。我清楚地记得美国来的那位女士听完之后转头就抱着林正刚总裁失声痛哭，而他的面部依然镇定自若。看到北川的情景、听见当事人的描述，除非事先坚定地准备好，一般很难忍住泪水。思科总裁钱伯斯先生随美国代表团访问四川灾区，在公众面前忍住了泪水，但是回到酒店后潸然泪下。回到美国后，他在一次全球会议上讲四川灾区的事情讲了半个小时，听者无不动容。后来思科公司超出它们对中国的承诺在四川灾区做了很多好事，有一个班子一直坚持了三年。

我第一次到北川是2008年5月20日，我认识到应该尽快开始对灾后重建的研究和规划，于是组织了几位好朋友，如北京大学的王立彦教授、南开大学的白长虹教授、上海交通大学的颜世富教授（北川人）、北大纵横咨询公司总裁王璞先生、思科公司总裁林正刚先生、埃森哲公司副总裁王波先生等，从不同方面为北川的灾后重建准备了一份规划书。我知道在救人和防止次生灾害之后，很快就会进入灾后重建阶段，北川的发展最终还要靠市场经济的力量。北川的干部们后来告诉我这份规划书对他们的灾后重建很有帮助。我还做了其他一些小事，比如，以公益的形式组织北川县的干部到北京大学和上海交通大学进行学习培训，等等。但是，北川对我的教育、北川干部给我的感动远远大于我做的这些小事。

我和时任北川县县长、现在的绵阳市副市长经大忠成了好朋友，和当时的副县长现在的县长瞿永安、副县长李斌、副书记王久华等以及一些绵阳市的领导也成了朋友，建立了深厚的感情，我几乎成了半个北川人。最近因为太忙，有大半年没有去北川了，这次去经大忠副市长来为学生们介绍情况，具体接待的人又是那位全家都罹难了的北川县的中层干部，他向学生们介绍了北川的情况和发展规划，完全看不出他有什么阴影。但一位绵阳市领导私下里说，市机关里有一个既漂亮又聪明的女孩喜欢他，追了他很久但他无动于衷，那个女孩为此哭了很多次。我理解一定是他遇难的妻子和3岁的女儿在他心中的分量太重。这次来北川，本来县里的一位主要领导干部说好要来看望学生的，但前几天他妻子因车祸去世，正在料理后事。他原来的妻子在地震中遇难了，灾后他和北川县一位家人也都在地震中遇难的女干部重组了家庭，可上天还是那么不公平地又夺走了她的生命。听到这样的消息，我联想起地震后北川自杀的两位中层干部，实在无言，只是更增添了为北川做些事情的决心。

世界上发生的事太多，人们对"5·12"大地震和北川的关注到第三次纪念日时已经淡化了，今年对"5·12"的关注度就更低了。其实，这才是北川灾后重建的新开始，这才是北川人民新生活的开始，这才是具有社会责任感的企业家尽量用经济力量和市场行为帮助北川的开始。记得2008年6月20日，中国企业社会责任同盟在上海召开如何支持灾区的专题讨论会上，会长马蔚华行长打了一个形象的比喻：人去世时，追悼会总是热闹的，而困难在于追悼会后的日子怎么过。现在北川新县城是一座没有活力的建筑群，这种活力有待于北川经济和文化发展的注入。

作为北川的朋友，尽管我的力量微不足道，我觉得还得为北川做些事。我想做两件事：一是协助北川招商引资；二是协助县政府在北川建立大规模的玫瑰基地，生产玫瑰精油和玫瑰水。

北川有很好的经济发展资源和条件，北川作为体现中华民族大爱的品牌形象已经深入人心，北川的领导有很高的素养、很强的责任感和很好的工作作风，在地震后很长的一段时间里，他们每天只睡两三个小时。我希望中国企业社会责任同盟和《北大商业评论》能在明年"5·12"纪念日之前为北川在北京、上海、深圳、济南等较为发达的城市举办几次招商会，然后在第五个"5·12"纪念日在北川召开一个总结会。我希望投资界、实业界、公益界的朋友们共同为北川的发展献计献策、出钱出力，当然是在符合经济规律和市场规则的前提下。

我还希望配合经大忠副市长圆一个玫瑰梦。早在2006年,经大忠经过考察发现,北川从海拔800米至1 800米的峡谷地带的温度、日照、土壤、雨水等地理条件很适合种植玫瑰花,可能成为世界上最大的玫瑰种植基地。业内人都知道,玫瑰精油在世界上是一种供不应求的商品,由于种种原因欧洲几个国家的玫瑰基地都在萎缩。令人痛心的是当这个研究和规划即将完成时,2008年5月12日专家正好送论证材料去北川,所有的人和资料都在那场大灾难里灰飞烟灭,初步建立的实验工厂也化为废墟。灾后经大忠在和我们讨论规划时,多次谈过这个构想,他说起这个梦想时眼睛发亮。玫瑰是美的象征,玫瑰是爱的标志,想象一下,几万亩玫瑰花在北川的山野上盛开,那是何等绚丽壮观的景色。如果种上玫瑰,农民年收入可以提高4倍左右,几万亩玫瑰基地可以建成有经济规模的精油提炼工厂,形成很好的经济效益。以颜世富教授为首的上海交通大学团队进行了两年多的重新调研和试种,现在已经形成了上千亩的玫瑰种植基地。因为玫瑰有2—3年的无花期,不种到一定规模很难有经济效益,公司加农户的方式也正在摸索,所以还存在不少困难。我有信心和决心与他们一起实现这个梦想。

再进北川县城,河左岸的老城区废墟已经被后来不断发生的泥石流几乎全部掩埋了,县委废墟和经大忠在地震时大吼一声"让孩子们先走"的县委礼堂已经全部被埋没了;河右岸的县城现在被改建为地震博物馆,成为人们悼念和旅游的场所。当时因基建而挖的一个地下坑成了临时的埋尸坑,现在被填平并修建了一个纪念碑,我们在纪念碑前默哀献花。纪念碑的后面是以前的曲山中学,地震时山上的乱石滚下将小学全部掩埋,学生和老师几乎全部罹难,只剩下一杆五星红旗在乱石堆中冲天怒吼、顽强地迎风飘扬。今天,那面五星红旗仍然在迎风飘扬,诉说着北川的灾难和北川的坚强,诉说着党和国家的力量与中华民族的爱心。

执笔写这篇文章时,泪水在我眼眶中打转,但我没有让它掉下来。我不想再为北川流泪了,我要学习真正的北川人,把过去深藏心底,放眼未来,面带笑容,为建设一个繁荣昌盛的新北川而努力。

2012.7

发树买"药"与"国""民"之争

"民能载舟，亦能覆舟"是魏征谏唐太宗之语，成为中国的千古治国名言。其源头出于孔子，孔子说："水是民，舟是君。"

去年我们纪念辛亥革命100周年，去了台湾发现他们在纪念"中华民国"100周年。推翻清朝建立"中华民国"的是国民党，不知道国与民这两个字孰先孰后到底有什么说法。推翻了"中华民国"后建立的是"中华人民共和国"，从文字含义上"民国"和"人民共和国"好像没有什么明显差别。我猜想中华人民共和国的建立者们一定很想起一个与中华民国有明显差别的国号，但因为绕不开"人民"两个字，又不能太啰唆，因此容忍了这样的"差别不大"。由此可见，"民"实在太重要了。

民与国是什么关系？民富国强？民贫国强？民富国弱？民弱国弱？不说今天，回到20世纪中后期，美国是民富国强、苏联是民贫国强、中国是民贫国弱，像瑞士那样的很多小国是民富国弱。但大国是不可能民富国弱的，于大国而言，国强民未必富，民富则国一定强。

由于"国进民退"成为最近中国社会的议论话题之一，"国"与"民"之争又进入了大众视野。今天我们说的"国进民退"指的是国企与民企的关系，但其在很大程度上代表了国与民的关系。从本质上说，所谓国企就意味着它不是人民的企业，而是政府的企业。国企与民企的进退，是否代表着"国"与"民"争利，从春秋开始就在朝廷和知识分子之间辩论不休，牵涉到李斯、商鞅、桑弘羊、王安石、司马光等历史大名人。因此，"国进民退"问题不是新鲜事，自古已有。国企太强就会产生与民争利的事实而伤害经济、伤害民生，甚至严重到使民产生覆舟之怨。

"国进民退"之辩产生了一种思潮，认为国有企业或者国有经济是党和政府执政的基础。其实苏联政权的顷刻垮台正是在70年国有经济的基础上发生的，这就是国与民争利的严重后果，导致了水的覆舟之举。反观中国，30年来就是一个国让民获利、国向民让利的过程，渐渐导致民富国强。这种思潮其实只是一些部门利益的代表拉大旗作虎皮、为获取更多部门利益的表现，其实是最危害人民利益和国家利益的。

没有邓小平的改革开放理论与实践，就没有今天的民富国强。可以推理，这些千千万万富起来的民，是愿意载舟还是愿意覆舟呢？答案是明显的，事实也是如此，他们从内心深处感谢邓小平，真心实意地愿意载舟。贫富悬殊的问题不在于这些民之富，而在于政府没有把这些民创造的财富和税收有效地用于解决另外一些相对贫困之民的问题。举例而言，中国的税收增长远远高于经济的增长，照理，贫富悬殊的问题应该越来越小，但事实是贫富悬殊越来越大。应该解决的问题是问政府浪费了什么，把这些巨大的浪费杜绝掉，把该花在民生的部分还之于民，而不是向民营经济开刀、向富人开刀。

对治国者而言，对社会制度设计者而言，发展经济的目的是满足人民的需求。市场经济的魅力在于，社会制度设计者设计了一套制度，使得一大批企业家在市场上自觉地、千方百计地满足客户的需求，客户的集合就是人民。从这个角度上看，国有企业是在用国家的资本满足人民的需求，而民营企业是在用自己的资本满足人民的需求。在此意义上，民营企业家更加高尚，民营企业对国家更有价值。据查，2011年国资委所属的央企资产达到28亿元（2002年为7.13亿元，9年涨4倍，这个数据就可以说明"国"如何地"进"了），全国国有企业的总资本达到100万亿元（全国人民人均约7万元）。在获得不少资源优势和政策倾斜的情况下，央企的年资产收益率为3.2%，不及银行一年期存款利率3.25%，其他国企的年平均资产收益率仅为2.8%。可以想象，如果国有企业所干的活，民营企业都能干，那么把国企的资产卖掉能够解决多少中国社会问题，而国企转变为民企后的效率提高，还会产生多少税收？

当然这只是一种假设，在今天的复杂世界经济环境和中国特殊的社会环境下，国有企业的适当存在是必要的，但绝不能过分，绝不能"国进民退"。既然是市场经济制度，就应当是一种有规则的、对不同性质的企业都公平的制度，市场上的主体应该具有平等地位。这就是中国追求国际承认的市场经济地位的必要条件，这就是2005年"民营经济三十六条"（也称"非公三十六条"）和2010年"新三十六条"出台的意义，也是2012年政府要求上半年完成"新三十六条"实施细则的意义。如中国所有的改革一样，阻力主要来自中层、来自既得利益集团。

《北大商业评论》本期（2012年第8期）专题就是关于"国"与"民"之争的。"发树买药"是媒体对于陈发树就云南白药股权诉红塔集团和中国烟草总公司案的通俗说法。把陈发树比喻为"有钱的秋菊"体现了媒体对陈发树的同情。网络民意调查表明，90%的人认为陈发树有理，但80%的人认为陈发树打不赢这场官司。此案情非常简单，但"发树买药"和"有钱的秋菊打官司"所折射出来的问题却很不简单，有法律规章问题、有公平交易问题、有市场经济地位问题、有国有企业政企不分的"变形金刚"问题、有对国有资产流失的界定问题，等等。因此，社会各界对此案都高度关注。

"发树买药"案的结果有四种组合：一是发树买到了药，不合理规章得到了改善；二是发树买到了药，不合理规章没有得到改善；三是发树没有买到药，不合理规章得到了改善；四是发树没有买到药，不合理规章没有得到改善。这样一个具有历史意义的标志性案例，全社会都拭目以待。

世上本没有路，走的人多了，就成了路。中国的改革开放之路就是这样走出来的，中国的公平之路也会这样走出来。

2012.8

"92派"与"12派"

2012年的最后一个月,也是玛雅人预言的"世界末日",不能不产生一些历史性联想。说玛雅太遥远,看到习近平总书记考察广东,向邓小平铜像敬献花篮,使我想起20年前的1992年,也联想到企业家圈子里的"92派"之说。

往大了说,1992年是邓小平南行并发表南方谈话之年,是中共十四大召开之年;往中了说,1992年是《有限责任公司暂行管理条例》和《股份有限公司暂行条例》(以后的《公司法》的基础)出台之年;往小了说,1992年是我辞去体制内国企领导职务读博士之年。

后来我们知道,有了"92派"之称的企业家群体。据说1992年之后的一两年内有几十万人从体制内"下海"经商,这一群人中20年后成名的有陈东升、冯仑、潘石屹、郭广昌、朱新礼、王梓木、王文京、黄怒波,等等,他们原来有的是厅级干部,有的是处级干部。后来我们知道,1992年是中国主流价值观发生变化的标志性年份,从这一年起,"商人"或"企业家"开始得到主流社会的认可,社会精英们纷纷"弃×从商"。后来我们知道,88岁高龄没有任何职务的邓小平老人南方谈话背后其实有很深的背景原因。

当时,1989年的政治风波和1990年、1991年的苏联解体与东欧剧变深深刺激了中国共产党的领导阶层和中国体制内的精英阶层,之后的国内改革开放形势倒退、"左"派言论抬头引发了两条路线的斗争。中国往何处去?退回当年，20年后有今天并不是一个必然的结果。那时，"有一个老人"又到广东走了一圈，尽管这个老人什么职务都没有，但我们知道，他的南方谈话虽然一句不顶一万句，但一句就是一句。这个老人从1992年1月18日开始在武昌、深圳、珠海、上海不断地进行谈话。他的谈话以最快的速度从各地传递到北京最高领导层，在他停止谈话一周后的2月28日，中共中央下达了1992年二号文件，传达了他的谈话精神。又一周后的3月9日，江泽民总书记主持中央政治局扩大会议，表态完全赞同他的谈话精神。随后，中央政治局、国务院又召开专门会议，拟定落实谈话的具体内容和措施。1992年10月，中共十四大召开，作出三个重要决策：一是确立邓小平建设有中国特色社会主义理论在全党的指导地位，并写进党章；二是明确我国经济体制改革的目标是建立社会主义市场经济制度；三是全党要集中精力把国民经济搞上去（发展速度的目标从原定的每年增长6%调整为8%—9%，注意，提高了50%！而1990年只有3.8%）。到这个时候，我们应该理解了什么叫做"一句顶一万句"。

关于这个老人谈了什么的文章早已是汗牛充栋，但我还要试图总结出几句话。

第一句：革命是解放生产力，改革也是解放生产力。第二句：三中全会以来的方针政策路线谁想变也变不了，谁想变就会被打倒。第三句：改革开放胆子要大一些，要试、要闯、要"冒"，不要怕犯错误，30年后才会有成熟的制度和定型的政策。第四句：计划经济不等于社会主义，市场经济不等于资本主义，要大胆借鉴人类文明的一切成果。第五句：中国要警惕右，但主要是防止"左"，说改革开放引进发展资本主义，和平演变主要危险来自经济领域，这就是"左"。第六句：经济发展要依靠教育和科技，科学技术是第一生产力，知识分子是工人阶级的一部分。第七句：两手都要硬，一手抓改革开放，一手抓打击犯罪活动，两个文明建设都要好，才是中国特色社会主义。第八句：要进一步找年轻人进班子，现在的中央班子年纪偏大，要注意下一代接班人的培养。第九句：现在形式主义多、文章长、讲话长、内容重复、没有新意，形式主义也是官僚主义，要多办实事，多做少说。

20年后我反复研读邓小平南方谈话，总结提炼出了以上九句话，我想压缩成八句，或者再找一句变十句，好像都不能。这九句话当然话中有话，话外有因。我想起当年毛泽东主席会见基辛格时有一次突然举起手指着自己的嘴唇说："你们能不能帮我治好口齿不清的毛病？"回去整理谈话记录时，几个美国人反复琢磨主席是不是刻意有所指？是指别人听不懂他讲话的意思？是指他的思想传播不出去？还是一个老人偶尔走神的随意之问？事后他们觉得主席是话中有话。邓小平这一次是特别出行、精心择地、刻意发声，当然每一句话都有深刻的含义。因此"左派""右派"都听懂了，中央也听懂了，并作出了及时回应和正确决策。于是，中国幸甚；于是，我们有了20年后今天这样的局面。

1992年，我认识到，脱离体制会别有一番天地，经商从此没有政治风险了。于是我想以读博士的方式脱离现行体制，然后再经商。后来，我虽不经商，但"92派"风起云涌成为蔚为壮观的企业家大军，商人也成了社会主流之一。今年年初，《中国企业家》杂志发表了一篇文章，题为"向'92派'致敬"，其实应该是"92派"向"1992年"致敬，当然，本质上是向邓小平致敬。

习近平同志担任中共中央总书记以后的第一次考察去了广东。2012年12月8日，他到深圳莲花山公园向邓小平铜像敬献花篮，向小平同志致敬，并发表了"改革不停步，开放不止步""敢于啃硬骨头，敢于渡险滩"的重要讲话。从历史的眼光看，我相信习近平总书记之行和之言是深思熟虑的、是具有标志性意义的。习近平总书记担任福州市委书记时，于1992年主持编制了"3820"工程,即福州市3年、8年、20年规划。20年后的今天,所有的规划目标都实现了。我相信他现在正在规划中国未来的3年、8年、20年,即中国的"3820"工程。

我不知道会不会有人以2012年为标志重新规划自己的人生,就像当年的"92派"那样。据说,现在大部分资产上亿的人都移民了,大部分资产5 000万元以上的人也移民了,现在轮到资产3 000万元的人开始移民了,那么,这些人会不会因为"2012年"而决定不移民;那些已经移民的人会不会因为2012年以后对中国充满信心,又决定回来了?以后历史会称他们"12派"吗?

20年后的2032年,也许我还在为《北大商业评论》写刊首语,但愿到那时,有一股隆重纪念"2012年"的思潮。如果这样,那时的中国一定无比强盛。

2012. 12

民间企业的法治无奈

这个题目是最近厉以宁教授与一批长期关心中国民营经济发展的经济界、法律界学者和有关人大代表、政协委员在珠海召开的一个研讨会的主题。会议形成了三点共识：一是在如何看待民营经济的问题上，要进一步解放思想，真正树立道路自信、理论自信和制度自信，切实做到"一视同仁"。二是在民营经济与国有经济关系问题上，要真正落实"三个平等"：权利平等、机会平等、规则平等，促进合作共赢。三是在权益保障问题上，要提高政府公信力，严格依法办事，坚持同一标准，坚持司法公正。

相对于准入门槛、玻璃门、融资难等阻碍民营企业进步的问题，法律保障成为最为重要的问题。有数据表明，民营经济占据了整个国民经济的60%左右，民间投资也占社会总投资的60%，其中有些数据更高，例如民营经济解决了80%的就业，贡献了75%的企业销售收入、65%的企业税收，等等，这些都说明了民营经济的价值。

中国的改革开放是沿着引进外资、发展民资、促进国资的路径发展的。今天民营经济的成果是中国改革开放的伟大成果，是中国特色社会主义伟大试验的重要组成部分，是中国共产党"立党为公、执政为民"的重要体现。在中国下一步的发展中，民资将扮演越来越重要的作用。例如，中国下一步的发展要扩大内需，内需的主体应该是民众和民资；中国未来30年城市化率要提高30个百分点，城镇化建设的主体应该是民资；中国去年服务业刚刚超过工业,而发达国家的服务业至少超过工业30个百分点,服务业发展的主体应该是民资。更何况中国农业和农村的发展,靠的是千千万万个农业的民资;中国的就业,靠的是民资的投入和民营企业的发展。因此,在这样关键的历史时期,不能打击民间投资的积极性,不能在道义上、舆论上,更不能在法律上歧视民间投资。如今工商部门可统计的投资实业的民间投资者已经有接近4 000万之众,他们是中国经济的宝贵力量。他们固然可以在一些问题上用手投票,更可以用脚投票,用脚投票的结果可能比用手投票的结果更加重要。

在珠海会议上,民间投资和民营企业家受到歧视、打压,甚至法律不公平对待的各种案例可谓触目惊心,主要是一些地方官员和一些执法部门所为。当年邓小平为了推行改革开放政策,发明了"不争论""摸着石头过河",因为一争论,"国"字头和"公"字头的论调必然占上风,"民"与"私"必然占下风,市场经济就不可能发展,因此先干再说,"杀开一条血路"。我理解,当时所谓的血路,是指一些改革派官员的丢官去职,一些民营企业家的牢狱之灾甚至命赴黄泉。例如,当年福建省委书记项南因为"晋江假药"案丢官,那时的假药只是夸大了药效的冰糖加白木耳,由此引发出"资本主义复辟"这样一个重大原则问题使项南受到处分,据说他至死都在写申诉书。还如,不少民营企业家因为"投机倒把"和"非法集资"而被判处死刑。这一次河北著名企业家孙大午也参加了会议,此前他是因为集资办学而获罪,在众人包括柳传志等的声援和帮助下还是"判三缓三",因为根据法律确实可以判,法律不管民营企业融资难、不管民间办学筹资难、不管你集资的目的,反正民间不能集资,集资就是非法。"不争论"是先干再说,干的过程很容易违反原来的法规,而原来的法和规是不合理的,或者是基于一个错误的理,很多法到了大家都违反、法不责众的时候才修正,或者一个显著不公平的案例引发公愤以后不得不修法。也许这就是改革的代价，因为中国的改革不可能先系统性地修法后再执行，也就是说不可能先争论清楚了再干。

现在三十年过去了，可谓"三十年河东，三十年河西"。中国特色社会主义摸着石头过河摸了三十年了，不少东西应该摸清楚了，有些意识形态的东西可以争论了，因为中国改革开放的成就举世瞩目、事实胜于雄辩。我们的河过了吗？如果河还没有过，那么应该到了架桥过河的阶段了，要架桥，就要有理论指导和法律支持。习近平总书记一上台就反复说法，大到党要服从宪法，小到要让公民在每一个司法判案中感受到公平与正义。在本主题下，换一句话说，就是要让民间投资者在每一个司法判案中感受到他们与国有投资者和国外投资者是被一视同仁的。这样，民间投资就会蓬勃发展，中国经济就会持续健康发展。这样，中国梦就会实现。

2013. 5

厉以宁老师获终身成就奖有感

2013年12月12日，厉以宁教授获得了中央电视台颁发的"中国经济年度人物终身成就奖"，不少同学纷纷在手机微信上转发信息并表达祝贺之情。开始我并不以为然，我觉得老师获什么奖都不稀奇，获什么奖都不能表达他的一生到现在为止取得的成就。事实上，他获得的各种奖项也数不胜数，我出席了多次对他的颁奖典礼，也曾替他去领过奖。我们知道他对获奖的淡然心态。在中央电视台对颁奖典礼的采访中，厉以宁教授说到目前为止他最看重的奖项是北京大学的蔡元培奖。这令我想起一个伟大的将军曾说最令他感到骄傲的奖项是他当士兵时获得的奖章。

尽管这个奖项叫做"终身成就奖"，尽管这个奖是"中央"电视台颁发的，也仍然不能表达他到目前为止取得的成就，他的成就也不是我能表达，更不是在这样一篇刊首语中能表达的。我只是想粗略地说一说为什么我仍难以表达他的终身成就。我认为他的成就在于五个领域：他在经济学研究领域中的成就；他在教书育人方面的成就；他在工商管理学院建设和发展方面的成就；他在为国家和社会服务方面的成就；他在诗词和散文写作方面的成就。

在经济学研究方面，他研究过西方经济思想史，研究过古罗马经济史，研究过资本主义的起源，研究过经济与道德，研究过教育经济学、环境经济学、发展经济学、制度经济学、区域经济学、产业经济学、经济地理，等等，几乎涵盖了所有的经济学领域。在教书育人方面，他培养了众多的学生，分布在各行各业，分布在全国和世界各地。他的学生中有人担任了国家领导人，部委、省市领导人，各大学的知名教授，知名企业家，知名NGO领导人，等等。他至今还在坚持给北京大学的本科生讲课，带博士、博士后，他的学生仍在层出不穷。在工商管理学院建设方面，他从北京大学经济与管理系到北京大学光华管理学院连续二十年担任系主任和院长，把这个工商管理教育组织带入辉煌。在为国家和社会服务方面，他担任了六届全国人大或全国政协常委、经济委员会或法律委员会副主任，主持起草了《证券法》《证券投资基金法》，促进了"民营经济三十六条"和"新三十六条"的出台；他担任过贵州毕节地区扶贫试验区专家顾问组组长；他组建了北京大学贫困地区发展研究院，为多个省市的贫困地区出谋划策、培养干部；他对证券改革作了大量研究，提出了重要政策建议；他为多个区域的发展献计献策。在诗词和散文写作方面，他出版了多本专集，他的诗词深受诗词家和文学家的好评，广受学生和诗词爱好者的喜爱。他不无调侃地说："也许后人会忘记我的经济学成就而记住我的诗词。"

我以上的列举只是管中窥豹，但已经令我辈瞠目结舌、高山仰止。他自己一再谦虚地说，是中国历史这一阶段的特殊性给予他这样的机遇，后人可能很难有这样的机遇。但我仍知道，历史从1955年开始也曾冷落了他二十多年。历史至少没有这样冷落过他的学生们。

老师是一种精神，老师是一面旗帜。他感动着我们，激励着我们做一个好学者，做一个好教师，做一个好公民，做一个高尚、高雅的人。对于老师的终生现在还不能定论，而我们的"终生"则更长。历史对于有准备的人永远会给予机会。

2014. 1

又逢甲午忆当年

2014年，是中国的甲午年。上一个甲午年是1954年，我们大多数人还没有出生。再上一个甲午年是1894年，当时的中国和日本打了一仗，中国史称"甲午战争"，日本命名为"明治二十七八年战役""日清战争"，欧美各国称"First Sino-Japanese War"（第一次中日战争）。

120年过去了，由于钓鱼岛事端，甲午战争又被提起。但是，如果没有钓鱼岛事端，难道我们就应该忘记120年前的事吗？这一篇文章我想尽量少发评论，只选择一些历史事实供大家回忆并引发自己的思考，"前事不忘后事之师""以史为鉴，可以知兴衰"。

片段一：朝鲜王宫之战

甲午战争的前奏，是因为朝鲜内政混乱引发了东学党农民起义，农民军聚众数万，占领了全州府、庆尚道、忠清道、平安道等，意欲总攻京城。当时朝鲜为清朝的宗属国，有难常向中国求援解决。因此，在朝鲜政府1894年6月3日正式公文求援的前提下，清政府出兵朝鲜，派2 000兵员乘2艘军舰，从牙山登陆。而日本以保护在朝鲜的8 825名侨民安全为由，也于6月5日派兵8 000员乘5艘军舰从仁川登陆，迅速控制了京城，占据了优势。6月10日，朝鲜政府就迫于内外部形势与农民军妥协，签订了《全州和议》。但日本政府借口因为两国共同出兵"平息"了内乱，因此，要求两国共同参与朝鲜内政改革并提出了改革方案。清朝政府拒绝了。当时的日本外相陆奥宗后来在回忆录里说，其实日本并不具备与清朝政府全面战争的信心，只是借口促进朝鲜政府改革为高尚理由，清朝政府拒绝之后，阻碍朝鲜国家进步的责任就在中国，日本就占据了道义上的优势。

片段二：丰岛海战与成欢战斗

1894年7月23日，日本军队用3个小时迅速攻占了朝鲜王宫，随后建立了亲日傀儡政权。7月25日，双方海军在丰岛海域实际交战，日本海军军舰3艘，伤2艘；清海军军舰3艘、商船1艘，1伤2沉1投降，立呈劣势。8月1日，中日两国发布宣战文告。7月29日，两军在成欢地区第一次交战，双方兵力炮火相当，各有3 500兵员，但清军一触即溃，而且在遁逃途中沿途洗劫朝鲜民众的食品财物，这一举动改变了朝鲜民众的立场。相反，日军作战勇猛，军纪森严。

片段三：平壤会战

1894年9月8日，清军完成了平壤防御战的部署，在周边修建了27座堡垒和各种防御工事。9月15日，日军攻城，双方战斗力旗鼓相当，清军实际参加战斗13 000人，各种炮38门；日军实际作战人数12 000人，各种炮44门。15日凌晨4时，日军开始进攻；傍晚6时，清军各部开始擅自逃亡；是夜8时，清军开始杂乱无章地大撤退，遭到日军埋伏，伤亡惨重。平壤之战，在清军早有准备、攻守双方战斗力相当的情况下，一日即败。各国使馆评价清军："装备精良、战术陈腐、缺乏斗志、一日即败、溃不成军，是一支不堪一击的军队。"

此后，战场转移至中国。

片段四：黄海海战

平壤之战后两天，1894年9月17日，中日海军在黄海海面进行了一场海战。北洋水师战舰12艘，排水量34 420吨，鱼雷舰2艘；日本联合舰队也有战舰12艘，排水量36 771吨。虽然在吨数、炮数、速度上日军略占优势，但北洋水师有号称远东最强大的战舰——定远、镇远2艘重量级战舰，并配有2艘鱼雷舰，对日本舰队也构成明显威胁。海战进行了5个小时，北洋水师被击沉3艘，被迫自爆2艘，重伤或轻伤7艘；日本联合舰队被重创4艘，轻伤8艘，无一沉没，而且受伤舰艇经过5日修复就恢复了战斗力，重新巡航。

片段五：威海卫保卫战

1895年1月26日，日军下达进攻威海卫的命令。2月7日，日军对威海卫发动了总攻。在日军海军和陆军的强烈攻势下，清军士气完全丧失，内部发生了严重的降敌骚动。2月12日，北洋水师派代表程璧光前往日舰交涉投降事宜，当夜北洋水师提督丁汝昌、定远舰管带刘步蟾、刘公岛陆军指挥官张文宣先后自杀。2月17日，双方签订《降服规约书》；日军释放清军降兵4 000余人，包括海军将校和外国人。威海卫保卫战结束。

在威海卫保卫战中，日本海军出动23艘战舰配合陆军进攻，清朝北洋水师在刘公岛的6艘战舰除定远号被迫自爆之外，镇远号等其他5艘被日军捕获，编入日本海军，镇远号还叫镇远号；9艘鱼雷艇仅1艘逃脱，其余8艘或被击沉，或触礁，或被捕获。清朝陆军在与日军决战时共有54营，17 195人，另外有2支部队共16 000步兵、3 000骑兵正在增援。

片段六：辽河平原大会战

在甲午战争中，日军第二军在山东半岛作战，第一军在辽东半岛作战，双方分别投入20 000人的作战部队。1895年2月25日，结束了山东作战的第二军迅速回师辽东半岛，协同第一军开始辽河战场大会战。

辽河作战以来，清军相继丢失了海城、鞍山、牛庄、盖平、营口等军事重镇。最后在田庄台与日军进行了大决战。3月5日，清军投入20 000人、大炮40门，与日军19 000余人、大炮91门进行了决战。日军8时开始进攻，10时30分占领田庄台。清军丢弃了1 000余具尸体，主力部队败走，大炮全部被日军缴获。日军仅阵亡16人，负伤128人。

由于3月4日，在美国人的斡旋下，日本政府已经接受了清朝政府的和谈请求，田庄台之战标志着1894年7月23日中日双方在朝鲜丰岛海战开始的甲午战争落下帷幕。

尾声：日军参谋本部请求天皇统率全军渡海亲征大清国，未获同意。3月7日，日军组成征清大总督府，4月13日移往旅顺口，准备"直隶大决战"，攻占北京。日军计划集中全国7个师团及1/3预备役部队，约80个步兵大队、14个骑兵中队、40个野战炮兵中队、13个工兵中队投入决战，以威逼清朝政府配合和谈。4月17日，中日和谈结束，清政府在日本的压力下签订了《马关条约》。

片段七：中日和谈与《马关条约》

1894年9月15日，平壤陷落；9月17日，北洋水师黄海战败；10月24日，日军兵分两路，第一军越过鸭绿江，第二军在辽东半岛花园口登陆。在此过程中，"大清帝国"已经感到不是日本小国的对手了，主战派和主和派矛盾日益尖锐。11月起，主和派占上风，请英国、法国、德国、俄国、美国出面调停。12月18日，在清政府同意承认朝鲜独立和战争赔款的前提下，双方接受在日本和解。12月20日，清政府通过美国公使转告日方，将派两位代表前往日本。谈判代表于1月31日抵达日本，但日本政府显然没有诚意，谈判代表于2月12日出帆归国，恰巧同日威海卫守军向日军递交降书。

3月4日，日本政府的基本目的已经达到，辽河会战结束，于是接受清政府的和谈建议，启动第二轮和谈，指定地点为日本马关。3月14日，73岁的李鸿章带着"承认朝鲜独立、割让领土、赔偿军费"的授权踏上苦涩的旅途。李鸿章一行3月17日到达，从3月20日到4月17日经过七轮会谈，中间还遭遇了一次暗杀并负伤，终于签订了《马关条约》。条约规定，中国割让台湾和辽东半岛，并赔偿2亿5 000万两白银。后来我们知道，李鸿章所有发回国内的电报全部被日本破译，日方在谈判中完全掌握主动权。

《马关条约》签订后，列强震惊，于是德国、俄国、法国联合干预，逼日本退还辽东半岛，并开始了军事准备。5月4日，日本召开紧急内阁会议，决定妥协；翌日，通告三国；5月10日，明治天皇昭告全国。拖至11月8日，日本才与清政府签订《辽南条约》，退还辽东半岛，但清政府必须再支付3 000万两白银。此举在日本国内引起轩然大波，被认为是奇耻大辱。

片段八：甲午战争双方对比

开战之初，日本制定了上、中、下三策。上策：海战胜利，得到海权，日军就可以长驱直入进攻辽东、山东、北京；中策：海战如果未决胜负，陆军只占领朝鲜，海军尽力维持朝鲜海域的制海权；下策：海战败北，陆军退出朝鲜，海军依靠海防力量拒敌于国门之外。

动员总兵力：中国96万人；日本24万人。

死亡：中国25 000人；日本13 500人。

海军舰艇数及总吨位：中国82艘战舰，25艘鱼雷艇，总吨位85 000吨，分为北洋、南洋、福建、广东四个水师；日本28艘战舰，24艘鱼雷艇，总吨位59 106吨。

大炮：清军1 733门；日军294门。

片段九：台湾代价

《马关条约》割让台湾后，1895年5月25日台湾宣布成立"台湾民主国"，但在日本5月29日攻台前夜，总统唐景崧逃遁了。6月2日中日两国代表在日舰上举行了受渡仪式。1895年6月17日，原台湾巡抚衙门上升起了日本国旗，一直到1945年抗日战争结束才落下。在严峻形势下，主张抗日的清军将领刘永福率领"黑旗军"，组织台湾民众与日本占领军展开了不屈不挠、艰苦卓绝的顽强抵抗，一直抗争到1896年3月。台湾军民牺牲14 000多人，日军投入了两个半师团的实力，付出了10 841名将士战死和病亡的代价，甚于甲午战争日军在中国大陆的代价。刘永福的台湾抗日军弹尽粮绝，浴血奋战，甚至被日军称为"有热血男儿意气的勇士"。其后，这种抗争还延续了十年，直到1916年日军才真正"平定"了台湾。

后 话

甲午战争使日本军队在国家中的地位空前提升，军人开始超越一切，获得至高权力，形成军国主义，由此引导日本进入了半个世纪的战争泥沼。1894年甲午战争；1900年参与八国联军侵中；1904年日俄战争；1914年日德战争；1918年出兵西伯利亚；1937年中日战争；1941年日美太平洋战争。日本在近五十年中给各国人民带来深重灾难。

回想起这段惨痛的历史，我就想好只取片段，不加评论，尽量用"清朝""清政府"字样而少用"中国"。最后，写《甲午》一诗结尾：

> 又逢甲午忆当年，
> 溃不成军愧祖先。
> 割地赔款今犹痛，
> 中华崛起梦必圆。

2014.3

告别2014,中国时代真正到来

2014年,在中国历史上可称为在GDP总量上正式超越美国之前的关键年份。诺贝尔经济学奖获得者、美国哥伦比亚大学经济学教授斯蒂格利茨发表文章说:2015来以后,中国时代真正到来了。因为2014年中国的GDP总量根据货币购买力平价(PPP)计算,已经超过美国,成为实际上的世界第一。尽管这些数据分析在实际上未必代表什么,但各种潜移默化的变化确实存在和发生着,就像在2010年中国GDP总量超过日本成为世界第二以后,我们可以明显感到中国在各种国际场合、各个方面的地位变化。显然,中国并没有做好当世界GDP老大的生理和心理准备。按照现有美国GDP每年增长2%、中国GDP每年增长7.5%的发展速度测算,到2024年中国GDP总量将超过美国,如果其间考虑人民币升值的因素,那么这个目标实现的周期可能会更短一点。然而,即便到了2024年,中国就应该当世界老大吗?那时,中国在生理上和心理上就准备好了吗?中国在一种能够有效集中国力总量的治理结构下的实力和诸多人均数据的落后,将会是一个长期的矛盾。依照不同角度的解读,也会得出非常不一样的结论。从这一点上看,这种情况应该从2014年结束后,即从2015年开始就真正发生了。然而,经济总量大不等于经济强,经济强不等于科技强、教育强、文化强。但是,经济总量的持续成长可能成为一切强大的基础,尤其是对于一个拥有几千年历史的民族而言。因此,从2015年起,在世界格局上,中国和中国人要开始适应这种"新常态",总量的大国、强国，人均的弱国，只看哪一面都不行。此外，总要为成为世界第一强国作成长的生理和心理准备。

2014年的农历叫法是"甲午"年，略懂一点历史的中国人都知道"甲午"意味着什么。有时国力是用战争检验的，经济实力既起作用也不起作用，如"甲午战争"和"朝鲜战争"。正好"甲午战争"也是由朝鲜引发的，如果那时的中国在朝鲜就打赢了日本，也就不会有后来在中国的"甲午战争"了。最近看书看到有作者描述当年的"朝鲜战争"是中国打出的一只"瘦骨嶙峋"的拳头。感觉这种比喻很贴切。这一只"瘦骨嶙峋"的拳头打出了一种精神，打出了一种骨气！相比之下，一百二十年前的清朝貌似强大的军队，怎么就那么不堪一击？联想到这一年军中"打老虎"的状况，联想到不断有人提出"中日必有一战"的说法，就可以自然地想猜一猜如果这个甲午年中日再打一仗会是什么结局？日本军队有没有当年的"甲午战争"精神？中国军队有没有当年的"朝鲜战争"精神？所幸，这个甲午年的钓鱼岛事件没有演化出两国的战争。但是难道我们没有战争的威胁？难道军事不是强国的基本保障？难道精神力量与经济力量一定成正比？2014年过去了，但愿中国以后的战争不会是"甲午战争"。

2014年于工商管理教育界而言也是一个特殊的年份。自从1991年中国开办MBA教育以来，工商管理教育至少在表面上看来一直顺风顺水，直到2014年国家三个部委联合发出了对政府干部和国企领导人的"限学令"或"退学令"。这也是极具中国特色的，这也印证了中国"物极必反"和"矫枉过正"的古训。前几年，EMBA教育就在社会上积累了负面的影响，这种学位教育不知如何就被认为是富人俱乐部，是权钱交易、权色交易、钱色交易的平台，成为社会共唾之的话题和各种段子。当然，谁也未曾想到结局会是三部委的限令。但是，中国的EMBA教育是否有问题似乎不需要讨论。物极必反，只是怎么反而已；矫枉过正，只是怎么过而已。EMBA教育是舶来品，但人家似乎没有我们那么"极"、那么"过"。因此，中国工商管理教育界需要深刻反思，因为有些院校的这种教育偏离了教育的本质，其实更大的问题还在于中国工商管理教育严重脱离中国企业实践。因此，"限学令"的修正是一种必然的修正。我们还不知道对于理论脱离实际之教育的修正将会以一种什么样的方式出现，我想最好以一种自我修正的方式进行。中国工商管理教育需要整体的觉醒，不要以为"限学令"是一种偶然事件。

告别2014。俗话说，年年难过年年过，难过的不是年，而是又过了一年。岁月就这样无情流逝，幸好我们赶上的是好时代。我相信斯蒂格利茨教授的预言：2015，真正的中国时代开始了！

2015.2

成者思危，忙里偷闲
——怀念成思危先生

成思危先生辞世，我有些意外。我知道他住院，看望他的人出来后，一方面很担忧，另一方面也透露出乐观的信息。他刚刚年届八十，又接受着最高水平的医疗服务，前一阶段见他时没有觉得他身体衰弱，因此，没有想到他会这么快离开我们。

我走近成先生，首先缘于十多年前他的一位博士研究生，这位学生经过成先生同意，邀请我作为其指导老师之一，这样，我与成先生就有了某种关系。后来我到上海交通大学安泰管理与经济学院担任常务副院长，成思危先生受当时马德秀书记之邀担任了安泰学院顾问委员会主席，我们又有了一段接触。据说在2007年、2008年时，成先生曾经考虑过让我到他担任院长的中科院管理学院工作，以推动中国管理研究。此事成先生从未与我直接提过，但先生这样想过，说明先生对我有所器，我一直心存感激。2009年，钱学森先生辞世，成思危先生以学生姿态写了一篇纪念文章登在《解放日报》上；报社邀我为该文写一篇评论文章，我诚惶诚恐地写了，也发表在《解放日报》上（文章附后）。今天，没想到我这么早就要写怀念成思危先生的文章。先生去世的那一天，我一直心里堵堵的，后来和了先生的一首诗，有所抒怀。与先生遗体正式告别的那一天，我在外地没有专门赶回来，有一个重要的原因是我母亲临终前刻意交代不搞遗体告别仪式，她不愿意留在人们心中的最后形象是那样的。

我也不太愿意在心里有先生的遗容。我去年见了先生好几次，他精神矍铄、思维敏捷，我们在一起探讨创业、创新、创投的话题，他十分关心Pre-Angle的投资研究和实践推动事项。让我对他最后的印象定格停留在那个时刻。从成思危先生怀念钱学森先生的文章中读出，其实他们是一类人，他们都具有思想家的品质，都有驾驭宏大系统工程的能力，都有强烈的民族自信心，从而都研究原创性的理论并推动国家进步。这就是所谓的惺惺相惜吧。

成思危先生贵为国家领导人，但保持书生本色，终身不忘学问，不断教育事业，我们敬重他，是把他作为学者来看待的。成先生的语言能力也十分了得，前年我们有一次与诺贝尔经济学奖获得者夫妇共进晚餐，成先生时而讲英语、时而讲法语、时而讲西班牙语，幽默诙谐、宾主尽欢，我印象很深。

在我协助福建新华都慈善基金会会长陈发树创办新华都商学院的过程中，得到了成思危先生的关心和支持。他专程去过一次福州，参加过三届新华都商学院在北京主办的诺贝尔奖经济学家中国峰会并发表演讲，在新华都商学院北京校区主持过一次研讨会，促成并指导了新华都商学院与中科院虚拟经济研究中心在风险投资领域的深度合作。行文至此，我双手合十，向成先生在天之灵表达虔诚的谢意。

成先生逝世之后，我第一时间阅读了成先生一个月前写的诗《八十回眸》，最打动我的是"未因权位抛理想，敢凭刚直献真言"。从先生的家庭出身、先生所处的时代背景来看，先生的人生阅历，先生在各个方面所取得的成就，先生的为人处世，已经是个传奇，已经不是可以用"立功、立德、立言"能够表达的。当时在我为先生纪念钱学森先生写的评论文章的最后，我说，每一个知识分子都要问一问自己，能够向钱学森学习什么？今天我要问自己，我应该向成思危先生学习什么？尽管先生的很多东西是我们学不来的；先生那个时代的沧海桑田，也是我们见不到的。

成思危先生走了，我并不认为他真的走了，应了那句名言："有的人死了，他还活着；有的人活着，他却死了。"先生没有走，也如瞿秋白说的，"睡觉是小休息，死亡是大休息"。我看到先生在位高权重时不断地忙里偷闲做学问，这一次他不过是偷了一个大闲而已。先生的名字极富哲思，因此我怀念他，也要有一些哲思。先生前世也一定不是凡人；先生后世也一定会脚踏祥云再回人间，再来忙一场。

作为诗词爱好者，先生在世时没有机会与先生唱和，谨以遗憾之心和先生八十人生的最后一首诗，相信先生能够看到：

憾和成先生《八十回眸》

人生长短勿论年，

成者思危忙偷闲。

半世化工半经管，

一心华厦一志坚。

风投之父断无二，

中管首推行胜言。

桃李沧桑望不尽，

功德言论立后天。

先生原诗：

《八十回眸》

畅游人生八十年，

> 狂风暴雨若等闲。
> 雏鹰展翅心高远，
> 老牛奋蹄志弥坚。
> 未因权贵抛理想，
> 敢凭刚直献真言。
> 功成名就应无憾，
> 含笑扬眉对苍天。

注一：成先生八十而去，于大学者而言，还是早了。但是，人的一生不以年龄而论，何况，还有前世来生。

注二：先生的名字极富哲思，成而思危，如忙里偷闲。现在，先生只是得了大成，去偷一大闲而已。

注三：先生是中国管理研究的倡导者、研究者和身体力行的第一推动者。

注四：古人有立功、立德、立言之说，得此三立，即为完人。先生有经济是今天，科技是明天，教育是后天之说。

附：每个人的"钱学森之问"

接到为成思危先生写钱学森先生（以下简称钱老）文章作评论的任务真可谓诚惶诚恐。成思危先生是我的前辈，而钱老是他的前辈，等于我要评论前辈对前辈的评论。但我还是"斗胆"写了，因为，这篇文章对我触动很大。

我谈三点感触：首先，我们不缺科学家的技能而缺思想家的品质；其次，我们不缺分学科的研究而缺大系统的研究；最后，我们不缺国外知识的学习而缺自主知识的提炼。

成思危先生认为，钱老既是科学家又是思想家，从本质上说是一位思想家，他具有思想家的高贵品质。我非常认同。这个观点，在某种程度上回答了"钱学森之问"。所谓思想家品质，首先是思想家的人格品质，其次是思想家的学术品质。没有思想家的人格品质，科学家没有高度、没有强大的精神力量；没有思想家的学术品质，科学家没有把握宏大课题的气度与能力。

成思危先生在论述钱老推动自然科学与社会科学结合的贡献时，对科学的分化和融合进行了很好的论述。我也以管理科学为例：今天几乎没有管理学教授了，只有营销学教授、会计学教授、金融学教授等，甚至在营销学中再分为品牌、渠道、消费者行为、零售研究的专家学者等。科学的分化和学科的细分已经在功利性的驱动下越走越偏了，现在我们更需要解决问题导向的、综合性的、系统性的研究，需要十年磨一剑，二十年、三十年磨一剑的研究。如以航天为导向的多学科系统研究，如以中国企业国际化为导向的生产、质量、物流、品牌、渠道、文化等的综合研究。这都不是一年出一篇甚至几篇论文的研究。

成思危先生在论述钱学森对坚持按照国情发展管理科学的贡献时，引出了钱学森对盲目崇洋媚外的批评，引出了"两弹一星"的实例，引发了"建立有中国特色的管理科学体系是我们这一代管理科学家义不容辞的责任"的评述。中国革命的成功，是具有中国特色的；抗美援朝战争的胜利，是具有中国特色的；中国的"两弹一星"，是具有中国特色的；三十年的经济改革，是具有中国特色的；那么，中国的管理科学一定能够具有中国特色，这是我最简单的推理。成先生说，"我也愿意为此贡献自己一份绵薄的力量"，而我也愿意在钱学森精神旗帜下加入成先生的行列。

"钱学森之问"在中华大地上引起了巨大反响，面对这样一位伟大的思想家与科学家,我们每一个科学工作者除了要反思国家、社会的教育制度和教育方法之外,还该问一问自己,我们能向钱学森学习什么?这是我们每个人的"钱学森之问"。

2015. 8

后　记

如果不认真统计，我已经记不得我编著了多少本书了，其中最多的是案例类的书，有人戏称我是中国案例第一"库头"。记得2004年中组部与国资委要联合编写"县处级以上干部系列教材"之一的《中外企业管理经典案例》时，几位负责干部在搜寻谁是案例研究专家后在北京大学费了不少周折找到了我。那位局级干部有明显的不悦之色，抱怨北大庙太大，和尚架子大。他引诱我说，写好了案例，国资委领导可能会让你到某央企去当领导，我笑了笑说我只想当教授。当时我是北京大学案例研究中心主任，而北京大学光华管理学院已经导向教授要发纯粹的学术文章才算成果，案例研究既不算学术成果也不算工作量，所以那时我正在向学术研究文章发表冲刺，并且那本书说好了主编由国资委的领导担任，我仅仅是副主编，并且不在封面署名，只在后记中表明。我完全可以拒绝这个工作，但我还是接下来了，因为这是国家的一种需要，国资委为此专门向北京大学党委发了函。

我对中国管理的研究是从三个角度切入的，一是中国企业实践，二是毛泽东思想，三是中国传统文化。在这三个方面，都需要十年磨一剑，至于磨好后能否出鞘还要另当别论。我研究案例，不是为了案例而案例，也不只是为了教学而案例；我研究毛泽东和毛泽东思想、中国革命、中国特色社会主义，不是为了政治或历史；我研究儒、释、道、法、兵，不是为了传统文化和国学。这一切，都是为了研究中国管理。这一晃，二十多年过去了，我的剑还在磨，但是磨得差不多了。

出书分为主编、编、编著、著等，《管理的中国心——何志毅教授管理散文集》是我著的第五本书。第一本是在博士论文基础上写的，第二本是在博士后论文基础上写的，第三本是各种不同类型和风格文章的结集，第四本《管理的中国韵》和本书的风格是一样的，而且都是由北京大学出版社出版的。在此，我对老朋友王明舟社长、张黎明主编、林君秀主任一并表示感谢！

我在北京大学近二十年了。1998年北京大学百年校庆的情景历历在目，所谓"985"计划就是北京大学百年校庆的成果之一。现在北京大学在世界大学的排名已经到了第39位。这既有北京大学的努力，更是国家实力水涨船高的结果。我们当然可以想象，当中国的GDP成为世界第一的时候北京大学会具有什么样的世界地位。因此，北京大学更重要的作用是推动自己国家的进步；对于我们这些管理学教授而言，更重要的是推动中国管理的进步。

这五年，我有幸被福建新华都慈善基金会会长陈发树先生邀请出任新华都商学院理事长，得以与诺贝尔经济学奖获得者埃德蒙·费尔普斯院长共事，将学院定位于创业创新教育，迎合了国家的重大战略方向。我们的目标是创建具有中国内涵的世界一流商学院。什么叫做"中国内涵"？就是要有中国特色，就是要有重大创新，而不是言必称欧美。这几年，创业与创新，尤其创业创新教育，是我思考和研究的主要方向。

因此，如果要提炼本书的三个关键词，那会是：中国、管理、创业创新。

让我们有文化自信，有艺术自信，有科学自信，有理论自信。

是为后记。